Ruediger Schache

Herzverstand

arkana

RUEDIGER SCHACHE

herz VERSTAND

Mit den 4 Schlüsselfragen
zu unserem größten Potenzial

arkana

MIX
Papier aus verantwortungsvollen Quellen
FSC® C083411

Verlagsgruppe Random House FSC® N001967
Das für dieses Buch verwendete
FSC®-zertifizierte Papier *Amber Graphic*
liefert Arctic Paper Munkedals AB, Schweden.

1. Auflage
Originalausgabe

Lektorat: Diane Zilliges
Layout und Satz: FELSBERG Satz & Layout, Göttingen
Umschlaggestaltung: Uno Werbeagentur, München
Illustrationen: Franziska Misselwitz
große Herz-Illustration: Shutterstock
Druck und Bindung: CPI – Clausen & Bosse, Leck
Printed in Germany
ISBN 978-3-442-34172-6

www.arkana-verlag.de

Inhalt

Mein Herz
erschafft Realität.

Aber wie?

Einleitung

Geheimnisvolles Herz

Seit es Menschen gibt, nimmt das Herz eine über alle Maßen bedeutsame Rolle ein, wenn es um das »gute Leben« geht, um Ehre und Gerechtigkeit, um Glaube, Liebe und Kraft, um Glück, Erfüllung und Sinn. Das Herz ist dabei, wenn Eide geleistet werden, auf Fahnen und auf Ämter. Es ist dabei, wenn Versprechen gegeben werden und wenn es um Wahrheit geht. Es ist ein Pfand für die höchsten und reinsten Absichten, die ein Mensch auf dieser Erde haben kann.

Trotz all seiner Kraft kann es, so sagen manche, zerbrechen. Ein falsches Wort im falschen Moment von einer geliebten Person durchfährt das Herz wie ein Stich. Eine große Sorge scheint es zu erdrücken, ein Verlust kann es zerreißen. Und eine kleine Blume im zarten Licht eines frühlingshaften Sonnenstrahls kann es dazu bringen zu heilen und wieder aufzublühen.

Das Herz als Kraft

Könige und Feldherren, Forscher und Erfinder, Philosophen, Vorreiter und viele andere, die jemals für etwas standen oder kämpften, prüften immer, ob ihr eigenes Herz voll und ganz für diese eine Sache schlug. Manche bedeutsame Persönlichkeiten nahmen das Herz sogar in ihre Wappen, Leitsprüche und Familiennamen auf, um aller Welt zu zeigen, welcher Macht sie folgten und was hinter ihnen stand. Doch auch ohne berühmt zu sein berichten ganz gewöhnliche Menschen über ihr Herz als jene Kraft, die ihnen den Weg weist und im entscheidenden Moment Vertrauen, Mut und Klarheit gibt. Dem Herzen gefolgt zu sein, so sagen sie alle, war am Ende immer richtig. Halbherzig hingegen, das ist jedem bekannt, wird es nie gut werden, und gar dem eigenen Herzen zu misstrauen, nimmt einem Menschen alle Lebensenergie. Das Herz ist also mit einer geheimnisvollen Kraft verbunden, der zu folgen ein Leben besser macht.

Wissendes Herz

Offensichtlich hat das Herz auch mit Wissen und Wahrheit zu tun, denn nicht zu wissen, was im Herzen richtig ist, kann einen Menschen fast verrückt machen. Und es zu wissen, ihm aber nicht folgen zu können, macht tieftraurig.

Und dann natürlich dieses Zusammenspiel mit dem Verstand. Viele haben es schon erlebt: Im Herzen kann man etwas wissen und verstehen, was sich der Verstand zu verstehen weigert. Im Herzen fühlt man Wahrheit. Der Verstand hat auch seine Wahrheit, nur manchmal eben eine andere. Diese anstrengenden Gegensätzlichkeiten zwischen beiden Polen sind gleichzeitig das, was uns ausmacht: Sie gehören zu dem, was uns zu Menschen macht. Voller Widersprüche und dennoch irgendwie einer eigenen, höheren Logik folgend.

Das Menschsein in seiner gesamten Dimension ist das größte Rätsel überhaupt, und wie auch immer man es dreht und wendet, viel von diesem Rätsel hat mit dem Herzen zu tun. Wer dieses Geheimnis um das Herz löst, und sei es auch nur Stück für

Stück, erobert das Universum, in dem er lebt. Weil, so sagen es die Weisen, er sich das Wissen darum erschließt, wie er selbst seine Welt erschafft.

Geachtetes Herz

Im Herzen »gut« zu sein, obwohl das so ein einfaches Wort ist, übertrifft an Wert für die meisten Menschen alle Ausbildungen auf dieser Erde. Vor einem im Herzen wahren und guten Menschen verneigen sich viele innerlich. Und wer im Herzen schlecht ist, seine guten Werte missbraucht und verleugnet, dem zollt die Welt keinen wirklichen Respekt, ganz gleich, was er vollbringt.

Stirbt ein Mensch mit einem großen Herzen, erschüttert es fast alle, die ihn kannten. Stirbt ein eher Herzloser, atmen viele im Geheimen auf. Ob etwas als »gut« oder »nicht gut« erlebt wird, hat also viel mit dem Herzen zu tun. Manchmal sogar alles.

Verbindendes Herz

Im Herzen miteinander verbunden zu sein oder nicht bedeutet alles, wenn es um erfüllende Beziehungen und gute Freundschaft geht. Keine Worte, keine Vereinbarungen, Verträge und Versprechen können das ersetzen. Entfernt man die Verbundenheit der Herzen aus einer Beziehung, wird sie leer. Gibt man sie hinein, wird alles andere zur Nebensache.

Doch nicht nur miteinander verbindet das Herz, sondern es verbindet uns auch mit uns selbst und dem Sinn des eigenen Daseins. Viel zu besitzen, aber das Herz nicht zu spüren, lässt alles sinnlos erscheinen. Und wenig zu besitzen, aber seinem Herzen zu folgen, kann das größte Glück des Lebens sein. Das Herz ist der zentrale Angelpunkt, wenn es um Sinn oder Sinnlosigkeit geht.

Empfindsames Herz

Fühlen und Herz scheinen untrennbar verbunden zu sein. Das Herz zu öffnen macht einen, so sagen manche, verletzlich. Wenn man es jedoch verschließt, so verletzt man sich selbst. Und dennoch kann man weder das eine noch das andere nach Belieben herbeiführen. Das Öffnen und Schließen scheint so zu geschehen, als gäbe es dafür eigene Gesetze.

Einen anderen Menschen im Herzen zu verletzen, vielleicht weil es nicht mehr anders geht, fügt einem selbst ebenfalls Schmerz zu. Auch dann, wenn das Leben es als richtigen Schritt einfordert. Den anderen hingegen zu schonen und sich dafür selbst im Herzen zu verletzen ist ebenso schlimm, denn es fühlt sich an, als würde man sein eigenes Leben nicht schätzen. Wie man es auch macht, wenn man ein Herz verletzt, ist es niemals angenehm. Also erzieht es uns, bei all seiner Stärke, auch zu Achtsamkeit.

Liebendes Herz

Und schließlich die Liebe. Sie hat in vielen Ländern und Kulturen ein zentrales und herausragendes Symbol: das Herz. Wohnt sie dort? Wird sie dort erzeugt? Wenn man mit den Augen nachsieht, findet man im Herzen nichts von ihr, aber die Mehrheit jener, die sie erleben, würde beschwören, dass sie irgendwie dort ist.

Warum verschenkt man sein Herz, wenn man jemanden sehr liebt? Und warum verliert man sein Herz an etwas? Wie kann man aus ganzem Herzen bei einer Idee, einer Arbeit, einer Sache oder einem Menschen sein? Und wie kann man verstandenermaßen wichtige Dinge dennoch nur halbherzig tun? Es muss einen Schlüssel dort geben, der mit Erfülltheit, Hingabe und Verbundenheit zu tun hat. Wenn wir wüssten, wie er zu bedienen ist, könnten wir uns neue Türen öffnen.

Heiliges Herz

Eine Entscheidung aus ganzem Herzen getroffen zu haben lässt alle Argumente, selbst die von Gegnern, augenblicklich verstummen, als wäre damit eine unangreifbare Wahrheit gesprochen. Das Herz als Instanz, so empfinden es viele, ist besonders geschützt. Und fast alle heiligen Schriften der Menschheit sprechen von einem »reinen Herzen« als Weg zu höchsten Erkenntnissen und Zuständen. Selbst jene, die mit Heiligkeit und Religion wenig im Sinn haben, ahnen, dass sich im Herzen eine besondere Kraft verbirgt, die man achten sollte. Dieser Religion des eigenen Herzens kann man immer folgen, ganz gleich, wie sich die Religionen um einen herum entwickeln mögen.

Mysterium Herz

Vieles rund um das Thema Herz scheint voller Seltsamkeiten und Widersprüche und voller Sinn und Logik gleichzeitig zu sein. Fast, als wirkten dahinter Gesetze und eine Weisheit, die sich den Gedanken entziehen, von denen man aber spürt, dass sie intelligent und richtig sind.

Die größten Forscher und Denker aus Philosophie, Psychologie, Medizin, Religion und spiritueller Lehre erforschen das Mysterium Herz seit Jahrtausenden. Wenn auch nur ansatzweise Wahrheit in dem liegt, was sie gefunden haben und lehren, spielt das Herz eine zentrale Rolle für die Entstehung und den Verlauf des persönlichen Lebens. Gleichzeitig und unbestreitbar hat das, was wir denken, ebenfalls eine wesentliche Funktion. Wie fügt sich beides zusammen?

Wäre das Herz, so wie die reine Medizin es sagt, nur ein Organ oder gar nur ein Muskel, warum dann diese unglaubliche Bedeutung? Irren all die Menschen, die so mysteriös darüber sprechen und denken, oder gibt es tatsächlich etwas zu entdecken, vielleicht auch zu messen und zu beweisen, das bislang noch verborgen lag?

Welche Geheimnisse verbergen sich in unserem Herzen? Über welche Fähigkeiten verfügt es? Was entdeckt die Wissenschaft gerade in atemberaubender Geschwindigkeit? Und natürlich die wichtigste Frage: Wie können wir an diesem Wissen teilhaben, es für uns praktisch einsetzen, um unser Leben mit dieser unglaublichen Kraft zu hinterlegen?

Wir werden es uns Schritt für Schritt ansehen.

»Folge deinem Herzen, solange du lebst,
tue nicht mehr, als verlangt wird.
Verkürze nicht die Zeit der Muße,
denn deiner Lebenskraft ist es ein Gräuel,
wenn du nicht auf die Stimme deines Herzens hörst.
Vergeude nicht den Tag
durch übertriebene Sorge für dein Haus.
Was auch geschieht, folge deinem Herzen.
Die Dinge gedeihen nicht besser,
wenn du es vernachlässigst.«

Ptahhotep »Der Weise« (ca. 2500 v. Chr.)
– Ägyptisches Staatsoberhaupt und Weisheitslehrer, Verfasser von
»Die Lehre des Ptahhotep«, der ältesten vollständig
erhaltenen Weisheitslehre der Menschheit –

Die erste Fähigkeit des Herzens

Das Herz und seine Wahrnehmung

Der Über-Sensor in meiner Mitte

Das Vermächtnis des Amenemope

Vor 3200 Jahren setzte sich im alten Ägypten ein Mann namens Amenemope mit einem Schreibrohr aus Schilf und einem Stapel Papyrusblätter an seinen Arbeitsplatz und malte das erste Zeichen eines Werkes, das in den kommenden Jahrtausenden weltberühmt werden sollte.

Doch davon wusste Amenemope, der als hoher Verwaltungsbeamter für die Nahrungsmittelverteilung im Reich seines Königs Ramses zuständig war, zu diesem Zeitpunkt nichts. Als Vater wollte er seinem jüngsten Sohn Hor-em-ma'a-cheru, der gerade die Absicht verfolgte Priester zu werden, die besten Ratschläge für das Leben mit auf den Weg geben. Damit dieser »ein guter Mensch, vor allen anderen« werde.

Amenemope schrieb insgesamt 30 Kapitel, über alle wichtigen Bereiche des Lebens und des menschlichen Verhaltens, so wie er sie kannte und für richtig hielt. Unter anderem ging es darum, wie man seine Mitmenschen behandeln sollte, wie man sich in bestimmten Situationen am besten verhielte, und es ging um die Kraft der eigenen Gedanken, wenn sie auf die Welt und andere treffen. Amenemopes Erkenntnisse fanden so viel Anklang, dass sie sich als Gesamtwerk mit dem Titel »Wie man ein guter Mensch wird« durch die Zeit und in viele Kulturen hinein verbreiteten. Die Philosophen des antiken Griechenlands studierten sie ebenso wie die Gelehrten des alten Roms. Feldherren, Priester und Könige ließen sich danach unterrichten. Und selbst heute noch blicken die Augen von Besuchern des Britischen Museums in London auf die fast unversehrten Schriftstücke mit den

Worten des Amenemope. Einer der Ratschläge, die dort zu lesen sind, lautet:

»Trenne deine Zunge nicht von deinem Herzen. Dann wird alles, was du tust, gelingen.«

HeartMath-Institut in Boulder Creek, Colorado, heute

Forscher des jungen Fachgebiets der Neuro-Psycho-Kardiologie untersuchen mit modernsten Instrumenten und unter wissenschaftlich anerkannten Bedingungen die Eigenschaften und Fähigkeiten des menschlichen Herzens. Sie interessieren sich nur am Rande für das klassisch-medizinische Wissen um das Organ Herz, denn hierin sind die meisten von ihnen bereits perfekt ausgebildet. Diese Kardiologen, Neurologen und Psychologen beschäftigen sich mit etwas, das für viele ihrer Kollegen bislang eher in den Bereich von Legenden und Mystik gehörte: Sie suchen nach Belegen für Fähigkeiten und Kräfte, über die Menschen seit Jahrtausenden sprechen, die aber noch niemand sichtbar machen oder nachweisen konnte.

Auf was sie dabei stoßen, ist auf mehreren Ebenen revolutionär und erweitert die bisherige wissenschaftliche Sichtweise zum Herzen erheblich: Das menschliche Herz verfügt nachweisbar über ein Spektrum an Fähigkeiten, das selbst mutige Vorstellungen auf vielen Gebieten weit übertrifft. Fähigkeiten, die das folgende Erlebnis in ein ganz neues Licht rücken.

Der Taifun

Als Klaus Schubert und seine Partnerin Claudia Metz aus Köln mit zwei Motorrädern zu einer Überlandreise nach Japan aufbrachen, um dort Verwandte zu besuchen, hielten sie ihr Vorhaben zunächst für eine etwas verrückte, aber aufregende Idee. Zum Zeitpunkt der Vorbereitung ahnten die beiden noch nicht, dass aus den geplanten zehn Monaten Reisezeit am Ende 16 Jahre werden sollten, in denen sie über 250 000 Kilometer durch alle Kontinente der Welt reisen würden.

Bereits wenige Wochen nach dem Start in Deutschland mussten Klaus und Claudia feststellen, dass ihre sorgfältige Planung der Reise nicht einzuhalten war. Jeden Tag trat ihnen das Leben mit neuen ungeplanten Herausforderungen gegenüber. Behördenprobleme, Unfälle, Krankheit, technische Defekte, Wettererschwernisse, Sperrungen oder Umleitungen … Innerhalb kürzester Zeit war den beiden klar: Das schaffen wir nie so wie geplant. Wir haben nur eine Chance: Wir müssen jeden Tag mit dem gehen, was kommt.

Spätestens ab Indien, so berichtet Klaus Schubert später, war auch die letzte Idee von Kontrolle über den Verlauf der Reise dahin. Das für westliche Reisende chaotische Verkehrsverhalten der Inder verwickelte Klaus in einen schweren Unfall, der unter anderem eine offene Knieverletzung zur Folge hatte. Doch, Glück im Unglück, das Paar geriet in die Obhut eines seltsamen alten Mannes, der sich scheinbar notgedrungen als Ersthelfer betätigte. Doch so unbedarft, wie er wirkte, war er nicht. Mit für westliche Verhältnisse haarsträubenden Mitteln bewirkte er innerhalb kürzester Zeit die vollständige Ausheilung von Klaus' schweren Verletzungen. Die verblüffende Kunst des Heilers zu erleben war der letzte Tropfen in einem Fass voller neuer Erkenntnisse darüber, wie das Leben auch funktionieren konnte. Die beiden Reisenden beschlossen, ab sofort alle Ziele und Planungen fallen zu lassen und nur noch auf die Stimme in ihren Herzen zu hören. Eine Entscheidung, die ihnen im Laufe der folgenden Jahre mehrere Male das Leben retten sollte.

Besonders eindrucksvoll erlebten die beiden das Wissen und die Fähigkeiten ihrer Herzen an einem Nachmittag auf den Philippinen, als sie auf der Suche nach einem geeigneten Zeltplatz den Strand entlangfuhren. Da sie als Dauerreisende immer mit einem sehr knappen Tagesbudget haushalten mussten, hatten sie es sich angewöhnt, so oft wie möglich im Zelt zu übernachten.

Der Tag war wunderbar, der Himmel blau, das Wasser türkis, und die Palmen wiegten sich sanft raschelnd in der Meeresbrise. Doch obwohl die Zeltbedingungen perfekt waren, bekamen Klaus und Claudia das dringende Gefühl, sich heute ausnahmsweise eine Hütte am Strand zu mieten. Trotz der für sie hohen Kosten nahmen sie die innere Ansage an und freuten sich auf eine Nacht in einem Zimmer mit weichen Betten, einem Bad und fließendem Wasser.

Kurz darauf erreichten sie eine Anlage aus drei bis vier Dutzend einfachen Bungalows, lose verteilt zwischen Schatten spendenden Palmen. Wie üblich war auch ihre Strandhütte auf Stelzen gebaut. Ein paar Holzstufen führen hoch zu einer kleinen Veranda, die Wände bestanden weitgehend aus geflochtenen Kokosmatten und das Dach aus Palmwedeln. Die beiden parkten ihre Motorräder vor den Holzstufen und hievten ihr Gepäck in die Hütte. Zwei Betten mit weißer Bettwäsche, zwei Stühle, ein Tisch und eine einfache Kommode, kurzum: ein Stück Zivilisation.

Etwa eine halbe Stunde später stand Klaus gerade unter der Dusche, als Claudia ihn darauf aufmerksam machte, dass sich da draußen etwas ziemlich Großes ziemlich schnell zusammenbraute. Klaus, der mit Berichten über die Reise ein wenig dazuverdiente und aus diesem Grund nur selten eine Chance für interessante Bilder ausließ, mon-

tierte seinen Fotoapparat auf das Stativ und richtete den Blick der Kamera durch das Fenster auf die Anlage. Vielleicht, so dachte er, ergäbe sich eine kleine Bilderserie zu einem Tropengewitter.

Inzwischen war der Wind von der ursprünglichen sanften Brise zu einer Vorstufe von Sturm angeschwollen. Das strahlende Blau des Himmels war längst dunkelgrauen Wolken gewichen, und die Palmen rauschten und ächzten bei der Anstrengung, sich gegen die Kräfte des Himmels zu behaupten.

Klaus hatte gerade ein paar Fotos geschossen, da kam der Regen. Aber nicht langsam tröpfelnd und sich dann steigernd. Vielmehr schossen plötzlich vom Sturm getriebene Salven aus Wasser nahezu quer zum Boden durch den Palmenhain, als hätte jemand einen Schalter umgelegt.

»Was für ein Glück, dass wir jetzt nicht am Strand zelten müssen«, dachten sich die beiden.

Nach einer Weile hielten die ersten Palmen den Gewalten nicht mehr stand und brachen. Inzwischen war der Sturm zu einem ausgewachsenen Taifun mutiert. Überall brachen die Bäume oder wurden entwurzelt, es flogen Palmblätter und Holzlatten durch die Luft. Und dann fiel der Strom aus. Es war inzwischen so düster geworden wie in einer Mondscheinnacht mit Wolkenhimmel, aber noch hell genug, um ein paar Fotos zu machen. Es sollten die letzten für diesen Tag sein. Klaus, immer noch mit dem Finger auf dem Auslöser, traute seinen Augen nicht, als vor ihm die ersten Dächer der umstehenden Hütten abhoben und wie Kinderdrachen in die Höhe wirbelten. Wie auf ein geheimes Kommando hin begannen die Wände der umstehenden Bungalows der Reihe nach in sich zusammenzubrechen. Manche wurden vom Wind noch eine Strecke über den Boden getrieben, bis sie sich zwischen bereits umgestürzten Palmen verfingen.

Klaus und seine Partnerin steckten inzwischen ganz eindeutig in einer ausgewachsenen Naturkatastrophe. Was die beiden Weltreisenden jedoch am meisten erschütterte, war das Erlebnis in ihrer eigenen Hütte: Während vor der Tür ein Inferno tobte und alles zu Kleinholz zermalmte, spürten sie in ihrem Raum davon buchstäblich nichts. Zwar hörten sie die Geräusche und wussten, was um sie herum los war, doch ihr eigenes Häuschen blieb davon so unberührt, als würde eine Art Schutzglocke es aussparen.

Im Laufe der Nacht legte sich der Taifun. Als Klaus und Claudia am nächsten Morgen ihre Hütte verließen, zeigte sich die gesamte Dimension der Zerstörung: Kein einziger Baum und kein Haus waren stehen geblieben, außer dem ihren. Das Unwetter hatte nicht einmal einen Palmwedel von ihrem Dach bewegt, und selbst die beiden Motorräder standen noch genauso vor der Veranda, wie sie sie am vergangenen Abend abgestellt hatten.

»Wenn wir das erzählen, glaubt uns das niemand«, dachten die beiden.

Klaus positionierte die Kamera auf seinem Stativ und fotografierte sie beide per Selbstauslöser vor der völlig intakten Hütte, inmitten eines Endzeitszenarios aus Zerstörung. Wie sie später erfuhren, war es der stärkste Taifun der vergangenen zehn Jahre gewesen. Er hatte im Land so große Schäden angerichtet, dass die Weltgemeinschaft spezielle Rettungsfonds und Hilfsprojekte ins Leben rief.

Dieses Ereignis hatte für Klaus und Claudia trotz aller Tragik eine neue Dimension von Erfahrung zum Leben aus dem Herzen eröffnet. Die Eingebung, jene Nacht nicht am Strand zu zelten, war schon beeindruckend richtig gewesen. Doch die Tatsache, dass das vernichtendste Unwetter der letzten Jahre das halbe Land zerstört, ihre Hütte aber ausgespart hatte, veränderte ihrer beider Verständnis von Realität nochmals deutlich. Welche Kraft konnte so etwas bewirken?

Noch während die beiden darüber nachgrübelten, kamen Einheimische mit gefüllten Früchtekörben auf ihre Hütte zu. Sie versammelten sich in einem Halbkreis, ein Sprecher trat hervor und überreichte jedem einen Korb. Dies sei, so gab er zu verstehen, eine Ehrung dafür, dass Klaus und Claudia mit den Göttern in Verbindung stünden.

Die Fotos von diesem, nach naturwissenschaftlichen Erkenntnissen unerklärbaren, Ereignis reihte das Paar später in ihr Buch und in den Diavortrag »Abgefahren. In 16 Jahren um die Welt« ein. Einer der erfolgreichsten Vorträge seiner Art, der die Herzen von über einer halben Million Menschen erreichte.

»Das Herz ist ein halber Prophet.«

Jüdisches Sprichwort

Wie Ihre Welt entsteht

Wie kann es sein, dass Menschen Ereignisse vorausahnen, die ihr Verstand und die herkömmlichen Sinne allein auf keinen Fall wissen und auch nicht erklären können? Sehen wir uns dafür als Erstes an, wie die Realität entsteht, die wir persönlich erleben.

In jeder Sekunde, in der Sie sich durch diese Welt bewegen, umspült die Realität Sie mit elf Millionen Einzelinformationen (Bits/Sekunde). Das meiste davon bemerken Sie schon deshalb nicht, weil Ihre Sinnesorgane dazu nicht in der Lage sind.

Nehmen Sie als Beispiel den Schall. Von allen Tönen, die uns als Realität umgeben, hören wir Menschen, je nach Alter, nur einen Bereich bis zu maximal 20 000 Hertz. Ein Hund hört mit bis zu 35 000 Hertz ein etwa doppelt so großes Frequenzspektrum und bewegt sich damit durch eine ganz andere gehörte Welt als wir. Delfine und Fledermäuse hören mit 200 000 Hertz zehn bis fünfzehn Mal mehr als wir.

Jetzt, in diesem Moment erreichen Geräusche Ihr Ohr, von denen Sie nicht einmal wissen, dass es sie gibt, ganz einfach weil Ihr Ohr nicht darauf eingerichtet ist. Hätten Sie Fledermausohren, könnten Sie vielleicht gerade wahrnehmen, wie eine Mücke zwei Zimmer weiter am Fenster eine Bewegung macht.

Oder unsere Augen: Aus dem gesamten uns umgebenden elektromagnetischen Spektrum (also jenen Wellen, die in unserer Realität vorhanden sind) nehmen unsere Augen nur den Wellenbereich von etwa 380 (violett) bis 780 (rot) Nanometer (Millionstel Millimeter) wahr. Verglichen mit dem Wellenspektrum, das wirklich um uns herum vorhanden ist, wäre das so, als würden Sie von einem Puzzlespiel mit vielen Millionen Teilen immer nur eines sehen und ein anderes hören und gleichzeitig glauben, es wäre die ganze Welt.

Der Blick eines Adlers, der aus einem Kilometer Höhe die Bewegung einer Maus erkennt … Die Nase eines Hundes, der Schmuggelware sogar herausriecht, wenn sie in einem Fass voll Benzin versenkt wurde … Die Beispiele für Lebewesen, die eine völlig andere Welt erleben als wir, sind fast grenzenlos.

Und noch immer sind wir nur bei der Realität, die durch biologische Sinne wahrgenommen wird. Der größte Teil aller Einflüsse, die Sie in diesem Moment umgeben, kann von keinem Lebewesen, sondern allenfalls von Messgeräten erfasst werden. Und dennoch sind sie da und erzeugen mit allem anderen zusammen die Welt, die uns umgibt.

> »Die wahre Entdeckungsreise besteht nicht darin,
> dass man neue Landschaften sucht,
> sondern dass man mit neuen Augen sieht.«
>
> *Marcel Proust (1871–1922)*
> *– Französischer Schriftsteller und Ich-Erforscher –*

Die Wahrnehmung des Verstandes

Theoretisch gesehen könnten wir also in jeder Sekunde elf Millionen Informationen wahrnehmen, sofern wir die Sinnesorgane und eine ausreichende Gehirnkapazität dafür hätten. Theoretisch gesehen hätten Klaus und Claudia vielleicht die elektromagnetischen Veränderungen in der Atmosphäre, die einem Unwetter vorausgehen, wahrnehmen, analysieren und sich darüber ihre Gedanken machen können.

Praktisch gesehen können unsere normalen Sinne diese unsichtbaren und unhörbaren Einflüsse nicht empfangen. Und selbst wenn sie dazu in der Lage wären, so könnte unser Gehirn die enorme Leistung, alle Informationen zu analysieren, bei Weitem nicht vollbringen. Messungen haben ergeben, dass unser Verstand mitsamt dem Unterbewusstsein 40 bis 60 Eindrücke (Bits) pro Sekunde verarbeitet. Und auch von diesen bekommen wir nur einen Teil bewusst mit, weil vieles eben unterbewusst abläuft.

40 bis 60 Informationen von elf Millionen real vorhandenen – das bedeutet, wir sind in jeder Sekunde von etwa 200 000 Mal mehr Informationen umgeben, als wir wahrnehmen und verarbeiten können.

Damit kann man verstehen, warum manche Dinge ganz anders kommen, als man es sich gedacht, geplant, gewünscht, vorbereitet oder eingeleitet hat. Wenn man allein aus den Überlegungen des Verstandes heraus entscheidet, ist die Menge an Informationen über die Welt zu stark gefiltert, um treffergenau ein bestimmtes Ergebnis im Leben zu erreichen. Für reine Sachaufgaben hingegen ist der Verstand sehr gut geeignet, da hier die Menge an Informationen überschaubar ist oder zumindest in Teile zerlegt werden kann.

Die Wahrnehmung Ihres Herzens

60 Eindrücke von elf Millionen bedeutet auch: Würden Sie sich ausschließlich auf Ihre herkömmlichen Sinne plus den herkömmlichen Verstand verlassen, bestünde Ihre persönliche Welt aus einem Anteil von 0,0005 Prozent von der Welt, wie sie wirklich ist. Dieses Fenster wäre wirklich sehr klein. Gäbe es da nicht einen Sinn, der es deutlich erweitert …

Neurokardiologen wie jene am Institute of HeartMath in Colorado fanden heraus, dass unser Herz eine erheblich größere Wahrnehmungs- und Verarbeitungskapazität für Informationen besitzt als alle herkömmlichen Sinne zusammen. Wie ein unglaublich leistungsfähiger Sensor ist es in der Lage, das gesamte »Informationsfeld« mit allen elf Millionen Informationen abzugreifen, wahrzunehmen, zu verarbeiten und zu einem Ergebnis zu kommen. Wie das Herz dies macht und wie Sie selbst diese Fähigkeit entwickeln, fördern und gezielt einsetzen können, werden wir uns im Folgenden Schritt für Schritt genau ansehen.

Damit erklärt sich auch, wie Klaus und Claudia bei ihrer Suche nach einem Zeltplatz am Strand den treffenden Hinweis bekommen konnten, nicht zu zelten, sondern eine Hütte zu nehmen. Über die herkömmlichen Sinne wäre es unmöglich zu wissen gewesen, was bereits »in der Luft lag« und wenige Stunden später losbrechen würde. Im 0,0005 Prozent kleinen Fenster der normalen Wahrnehmung waren keinerlei Anzeichen für die kommende Katastrophe abzulesen. Doch in der Wolke aller Informationen war es bereits erkennbar, und die Herzen der beiden Reisenden gaben das Ergebnis dieser Wahrnehmung als Impuls weiter, sich eine Hütte zu nehmen.

»Ist das Herz vollkommen,
dann erfasst es das höchste Wissen.
Ist das Wissen vollkommen,
dann erreicht es die höchste Menschlichkeit.«

Dschuang Dsi (350 – 290 v. Chr.)
– Chinesischer, taoistischer Philosoph und Dichter –

Die magnetische Vitrine

Oft zeigt sich erst im Rückblick, was der Sinn einer Information aus dem Herzen war, die an den Verstand weitergegeben wurde. Doch wenn man nach einiger Zeit entdeckt, wie alles eigentlich ablief, sind die Intelligenz und Perfektion, die man dahinter entdeckt, umso faszinierender. Alle Herzgeschichten in diesem Buch sind – so unglaublich sie einem manchmal erscheinen mögen – reale, dokumentierte und von Menschen erlebte Ereignisse. Das folgende ist eines von vielen, die ich selbst erlebt habe, und es ist nebenbei einer der Gründe, warum ich das faszinierende Thema der Herzintelligenz mit diesem Buch aufgegriffen habe. Letztlich ist es ja immer so: Alles, was jemand heute aus ganzem Herzen tut, begann irgendwann mit einem Erlebnis, das ihn im Herzen berührte …

Das Ereignis ist schon eine gute Weile her, hat aber auf eine so ungewöhnliche Weise eine zentrale Lebensweiche gestellt, dass man im Rückblick sehr anschaulich erkennen kann, wie das Herz als Intelligenz arbeitet.

Ich hatte damals im Laufe von einigen Jahren zwei oder drei Beziehungen erlebt, und ehrlich gesagt war die richtige Frau fürs künftige Leben einfach nicht dabei gewesen. Natürlich ist jeder immer irgendwie gerade richtig, aber es gibt ein »richtig für jetzt gerade« und es gibt ein »richtig, um sich eine gemeinsame Zukunft aufzubauen«. Jeder hat seine eigene Vorstellung davon, wie eine ideale Beziehung aussieht. Ich selbst liebte es schon immer, möglichst viel von meiner Lebenszeit, meinen Ideen, Projekten, Kräften und Lebenszielen mit einer Partnerin zu teilen und zusammenzubringen. Gleichzeitig war mir klar, dass so etwas nicht mit jedem beliebigen Menschen geht, es muss jemand sein, der die gleiche Sehnsucht in sich trägt und die gleichen Werte lebt.

Nun gut, auf jeden Fall war ich damals in der Situation, allein zu wohnen und niemanden an meiner Seite zu haben. Obwohl ich damit kein Problem hatte, hörte das Gefühl, dass dort draußen jemand auf mich wartet, nicht auf. Sobald man über so etwas genauer nachdenkt, wird man sich vielleicht selbst dafür tadeln. Wunschdenken. Hoffnungsdenken. Selbstbetrug. Das Jetzt nicht annehmen. Sich nicht hingeben wollen an das, was gerade ist. All diese Dinge kamen mir natürlich in den Sinn, und ich sagte mir: »Niemand kann wirklich wissen, was kommen wird, also hör auf, dir deinen Kopf mit Fantasien vollzustopfen.« Doch bestimmte Gedanken wiederholten sich so deutlich, dass ich sie mit keinem Gegenargument abstellen konnte.

Einer dieser seltsamen Gedanken sah so aus: Von dort aus, wo ich wohnte, hatte ich ein Gefühl, das in Richtung Westen zeigte. Meine Aufmerksamkeit griff immer wieder in diese Richtung, wie wenn Sie an einem Urlaubsort im Hotel wohnen, und Ihr Gefühl weiß genau, wo der Strand ist. Ihre Wahrnehmung geht ständig in diese Richtung. Egal wie Sie sich drehen und wohin Sie gerade gehen, es ist, als wäre am Strand ein Faden befestigt, der Sie immer ein wenig dorthin zieht. Nun ist das beim Strand vor einem Urlaubshotel noch verständlich, aber wenn Sie irgendwo in einer Stadt wohnen, gibt es aus logischer Sicht keinen Grund für ein Gefühl, das Ihnen sagt: »Du musst weiter nach Westen.«

Ich machte immer wieder einmal Ausflüge in diese Richtung, erkundete die Umgebung, fand sie auch schön, entdeckte aber keinen Anlass, warum ich zum Beispiel umziehen sollte.

Die zweite seltsame Sache war das mit den Vitrinen. Sie kennen diese flachen beleuchteten Schaufenster in Passagen und Bahnhöfen. Über zwei Jahre lang fiel mein Blick bei jeder Gelegenheit auf diese Dinger, und ich konnte nicht anders, als die Aushänge zu studieren, so als hoffte etwas in mir, dort eine Schatzkarte zu finden. Meist hängen dort Fahrpläne und falls noch Platz ist, Visitenkarten oder kleine Anzeigen von Firmen, die in der Nähe eine Leistung anbieten. Manchmal wird eine Vitrine auch nur für Werbung genutzt. Erst dachte ich, ich sehe mir die Dinger ständig an, weil mir beim Warten auf den Zug langweilig ist. Nach einer Weile jedoch wurde mir klar, warum ich es wirklich tat. Da war der Gedanke in mir: »Irgendwann wirst du ein Bild entdecken, und darauf wird die Frau sein, die deine Frau ist.« Mein rational denkender Verstand antwortete: »Ja, klar, genau so findet man seinen Lebenspartner. Man meldet sich auf eine Geschäftsanzeige, die an einem Bahnhof herumhängt, und sagt: ›Hallo, ich will Sie kennenlernen, weil Sie vielleicht meine künftige Frau sind.‹ Damit machst du dich wirklich lächerlich.«

Weil man sich mit Hinsehen allein noch nicht lächerlich macht, sah ich dennoch weiter Vitrinen an, wo immer sie in meinem Gesichtsfeld auftauchten. Um zumindest etwas weniger das Gefühl einer fixen Idee zu haben, sagte ich mir, dass ich nach jemandem suchte, mit dem ich zusammenarbeiten könnte.

Eines Sommertages machte ich mit dem Regionalzug einen Ausflug zum See. Am Seebahnhof angekommen, durchquert man eine lange Unterführung mit bestimmt drei Dutzend beleuchteten Schaukästen auf beiden Seiten. Diese Dinger verfolgten mich wie gesagt seit fast zwei Jahren, und natürlich streifte wieder mein Blick darüber. Eines der Schaufenster fiel mir schon von der Ferne besonders auf. Es war mit türkisem Samt ausgeschlagen und mit einigen Gegenständen dekoriert, die ich inzwischen vergessen habe. Ich betrachtete die Fotos, drei oder vier, in Holzrahmen. Sie zeigten die Räume einer Beratungspraxis und auf einem die Inhaberin. Ich hatte sie noch nie gesehen, doch im Moment, als ich die Augen sah, spürte ich ein ziehendes Gefühl in meinem Herzen. So als würde etwas oder jemand daran zupfen. Man kann viele schöne Menschen auf Bildern sehen und sich Illusionen machen, doch wenn eine deutliche Reaktion im Herzen spürbar wird, weiß man, dass es mehr ist als eine Fantasie des Verstandes.

»Jetzt rufe ich an«, dachte ich, und zum ersten Mal schrieb ich mir eine Telefonnummer aus einem Schaukasten auf. Ich verbrachte den Tag am See. Als ich abends zu Hause nach der Nummer suchte, hatte ich den Zettel verloren. Dazu muss ich sagen, dass ich zusammengerechnet mehrere Jahre und mehrere Male unter oft abenteuerlichen Umständen um die Welt gereist bin und niemals auch nur einen einzigen Gegenstand verloren oder vergessen habe. Und nun war der Zettel mit dieser Telefonnummer weg!

Ein Teil von mir dachte, es wird schon seinen Sinn haben, denn wenn ich ihn verliere, könnte das ein Zeichen sein, dass es eben tatsächlich unpassend ist, dort anzurufen. Ich wollte mich eigentlich nicht noch tiefer in diese ohnehin schon fixe Idee einwickeln lassen.

Wenn etwas in einem selbst plötzlich einfach weg ist, bemerkt man es zunächst einmal nicht. Aber später, im Rückblick, fiel mir auf, dass seit diesem Tag die Fixierung auf diese Kästen verschwunden war. Ohne es entschieden zu haben oder auch nur zu bemerken, sah ich einfach nicht mehr danach.

Einige Wochen später hatte ich die Sache schon vergessen, als ich wieder einmal zum See fuhr. Und wieder passierte ich den Kasten, wieder schrieb ich mir die Nummer auf, und wieder war der Zettel am Abend verschwunden. Ich hatte ihn offenbar mit einer Hand nebenbei mit aus der Hosentasche befördert und unbemerkt fallen lassen.

Das dritte Mal war etwa drei Monate danach. Ich stand vor dem Kasten und dachte: »Jetzt ist mir alles egal. Ich rufe sofort an.« Ich wählte von meinem Handy aus die Nummer, und eine Frau am anderen Ende nahm den Hörer ab. Das Gespräch verlief ein wenig seltsam, vor allem wohl, weil sich die Frau irgendwie zu wundern schien, dass ich sie bei meinen Klienten empfehlen wollte, falls ihre Arbeit zu meiner passte.

Wir vereinbarten also ein Treffen, was dann durch Urlaub und andere Umstände erst drei Wochen später zustande kam. Doch immerhin kam es zustande, und seltsamerweise war ich bei alldem kein Stück aufgeregt. Das änderte sich nicht einmal in dem Moment, als sich die Tür öffnete. Es fühlte sich an, als besuchte ich jemanden, den ich schon lange kenne, obwohl natürlich jeder Gedanke sagte: »Hey, du kennst diese Frau nicht, also warum bist du nicht aufgeregt?« Sie führte mich in einen Raum, in dem ich warten sollte, weil sie gerade noch Klienten verabschieden würde. Ich saß also in dem Zimmer, wartete, sah mich um und bewunderte den Ausblick auf eine Bergkette in der Ferne. Und plötzlich wusste ich: Das ist mein Zimmer!

Sie können sich vorstellen, wie verrückt so ein Gedanke ist: Sie sitzen in einem fremden Haus und denken: Das ist das Zimmer, in dem ich arbeiten werde. Nicht als Frage, nicht als Vorsatz oder Plan, sondern auf eine Weise, als wäre es bereits seit zehn Jahren Ihr Zimmer. So, als gehöre es Ihnen, und Sie kommen nur gerade wieder einmal hinein. In solchen Momenten erleben Sie deutlich, dass Ihr Verstand aus mehreren Ebenen besteht. Die eine sagt: »Das ist mein Zimmer.« Und die andere sagt: »Du bist verrückt, hör sofort auf damit!«

Auf jeden Fall ist dieses Zimmer heute mein Arbeitszimmer, vor dem Fenster steht mein Schreibtisch, an dem ich meine Bücher schreibe. Und jene Frau aus der Anzeige im Schaukasten, Nicole Diana, ist heute meine Frau, mein bester Freund im Leben und der Mensch, mit dem ich zusammenarbeite.

Nicoles Geschichte

Ich hatte seit vielen Jahren eine gut laufende Beratungspraxis. Eines Tages fragte mich eine Bekannte, ob ich mir mit ihr eine Schaufenstervitrine in einem im Landkreis liegenden Bahnhof teilen wolle. Ich wollte eigentlich nicht. Da ich bislang noch nie einen Klienten über Werbung, sondern alle durch Weiterempfehlung bekommen hatte, sah ich keinen Sinn darin, jeden Monat Geld auszugeben, um zwanzig Kilometer entfernt eine Werbung aufzuhängen.

Ich kann mich nicht mehr genau erinnern, wie, aber meine Bekannte schaffte es, dass ich der Idee zustimmte, und am Ende hatte ich sogar meinen ganz eigenen Schaukasten. Also fuhr ich zu diesem Bahnhof und dekorierte mein Fenster so lange, bis ich davon überzeugt war, dass es schöner war als alle anderen. Wenn ich es nun schon hatte, wollte ich auch voll und ganz dahinterstehen.

Nach einigen Monaten prüfte ich meine neuen Kunden und Interessenten und stellte fest, dass kein einziger über die Werbung an die-

sem Bahnhof gekommen war. Das bestätigte letztlich meinen ersten Eindruck, und ich überlegte, den Vertrag zu kündigen. Seltsamerweise verpasste ich den Termin, den es nur alle sechs Monate gab, dreimal in Folge, und so hatte ich das Schaufenster bald zwei Jahre in Betrieb.

Immer wieder kam der Gedanke: »Du solltest es jetzt endlich mal kündigen«, aber es fehlte immer irgendwie der entscheidende Impuls, der einen dazu bringt, sich hinzusetzen und es wirklich zu tun. Es war wie ein Gedanke, der seine Kraft verlor, sofort nachdem ich ihn gedacht hatte.

Eines Tages rief mich ein Mann an und sagte, er hätte meine Telefonnummer in der Vitrine entdeckt. Er erklärte, dass er eine gute Therapeutin suchte, an die er seine Klienten verweisen könne, wenn er selbst zu viel zu tun hatte. Nun müssen Sie wissen, dass in dieser Branche allein so ein Gedanke eher auf einen Verrückten hindeutet, denn für gewöhnlich ist jeder froh um die Klienten, die ihn besuchen.

Ich fand das Ganze ziemlich merkwürdig, stimmte aber einem Treffen zu. Nun, um es kurz zu machen, jener Anrufer war genau der Mann, den ich heute liebe, mit dem ich zusammenlebe und -arbeite. Natürlich ist mir nun klar, welchen Sinn die Vitrine gehabt hatte. Kurz nach unserem Kennenlernen kündigte ich übrigens den Vertrag, und nur wenige Monate danach, Sie werden es nicht glauben, wurde der Bahnhof renoviert und alle Vitrinen für immer entfernt.

Interessant bei der ganzen Sache ist auch das Timing, denn nur wenige Wochen zuvor wäre ich wahrscheinlich aufgrund einer anderen Beziehung innerlich noch nicht ganz frei und offen für etwas Neues gewesen. Doch am Tag, als der Anruf kam, war für mich wirklich alles abgeschlossen.

Mit dem Verstand ist es unerklärlich

In dieser Begebenheit erkennen Sie mehrere Dinge, die mit normalen Sichtweisen nicht zu erklären wären.

- Synchronizität: Genau zu der Zeit, als sie den Kasten in Betrieb nahm, fing er an, nach Schaukästen zu suchen.
- Lenkung der Wahrnehmung: Beide erlebten, wie sie bestimmte Vorhaben mehrmals hintereinander vergaßen. Sie hat mehrfach den Kündigungstermin verpasst, er hat mehrfach ihre Nummer verloren.
- Timing: Das zweimalige Verlieren der Telefonnummer war genau richtig, denn vorher wäre sie noch nicht wirklich frei für die Beziehung gewesen.
- Zeitfenster: Beide haben das System aus »Schaukasten betreiben« und »Schaukasten suchen« so lange aufrechterhalten, bis sie sich gefunden hatten. Kurz darauf ist das gesamte System erloschen, und die Kästen wurden sogar abmontiert.

Herzlogik und wie sie arbeitet

Etwas, das Ihnen besonders auffällt, obwohl es logisch gesehen keinen Sinn macht. Etwas, wohin es Sie zieht, obwohl es keinen Anlass dafür gibt. Etwas, das Sie vergessen, obwohl es Ihnen wichtig erscheint, aber später kommt es wieder, und dann ist auch genau der richtige Zeitpunkt dafür. All das ist typisch für die Art, wie Ihr Herz Sie führt. Es kann Einfluss auf Ihre Gedanken nehmen und Ihre Aufmerksamkeit auf bestimmte Dinge lenken. Sie können einfach nicht wissen, warum Sie sich für etwas interessieren – und das vielleicht sogar gegen alle Vernunft. Wenn Sie den Impulsen aber dennoch folgen, werden Sie eine viel größere Vernunft dahinter entdecken, als Sie sich jemals vorstellen konnten.

Dem Herzen folgen als Teil des freien Willens

Man kann natürlich sagen:
Auf etwas so Ungreifbares kann ich nicht hören.
Aber dann verpasst man die größte Chance seines Lebens.

Das Gehirn im Herzen

Dr. Andrew Armour, ein Neurologe aus Montreal, Kanada, machte vor wenigen Jahren eine bemerkenswerte Entdeckung. Er fand im Herzen ein komplexes neuronales Netzwerk, einen speziellen Nervenzellenverbund, den er »das kleine Gehirn im Herzen« nannte. Die von ihm entdeckten Zellen verfügen sowohl über ein Kurzzeit- als auch über ein Langzeitgedächtnis. Doch warum, so fragte sich Dr. Armour, sollte ein Herz überhaupt Neuronen haben und über die Fähigkeit der Erinnerung verfügen?

Ein rein medizinischer und naheliegender Grund wäre, dass das Herz eine Menge Muskeln zu koordinieren hat und dass dies mit dem kleinen Gehirn direkt vor Ort geschieht. Aus der Tatsache, dass ein Herz transplantiert werden kann und danach wieder anfängt zu schlagen, schloss der Neurologe weiterhin, dass dieses kleine Gehirn im Herzen auch dafür zuständig ist, sich zu merken, wie ein Herz überhaupt zu funktionieren hat. Doch die Forschung zu dem Thema hat gerade erst begonnen, und die Wissenschaftler finden derzeit immer neue Fähigkeiten, die ihren Sitz im Herzen haben.

Immer online: Die direkte Verbindung zwischen Herz und Verstand

Unser Gehirn und unser Herz stehen in engem Informationsaustausch. Durch Nervenleitungsmessungen fand man heraus, dass das Herz dabei mehr Informationen an das Gehirn sendet als umgekehrt und dass die vom Herzen geschickten Informationen sowohl die Wahrnehmung des Menschen beeinflussen als auch seine Gefühle und Gedanken. Diese gute Art von »Beeinflussung« ist der Weg, wie das Herz versucht, seinen Besitzer auf den Herzensweg zu führen.

Das bekannte und oft zitierte Experiment zum Thema »freier Wille« des Physiologen Benjamin Libet bekommt durch die aktuellen Forschungen eine Erklärung, die Libet vor über 30 Jahren so wahrscheinlich noch nicht kannte. Der Studienleiter, der einen Lehrstuhl an der University of California innehatte, verkabelte Versuchsteilnehmer damals mit einem der ersten EEGs und mit einem Gerät zur Messung der Muskelaktivität. Dann stellte er ihnen die Aufgabe, einen Gegenstand auf dem Tisch vor sich zu greifen, wenn man es ihnen sagte. Dieser Vorgang erzeugte im Gehirn jedes Teilnehmers einen immer gleichen messbaren Ausschlag.

Anschließend überließ Libet seinen Probanden die freie Wahl, wann sie den Gegenstand greifen wollten, bat sie aber darum, sich mittels einer sehr genauen Uhr den exakten Moment ihrer Entscheidung zu merken. Wieder zeichnete Libet die Ausschläge für das Greifen des Gegenstandes an seinen Geräten auf.

Über viele Versuche und Personen hinweg stellte er immer wieder fest: Der Unterschied zwischen dem vom Probanden gemerkten Zeitpunkt der Entscheidung »Jetzt greife ich den Gegenstand« und dem Zeitpunkt des EEG-Signals im Gehirn betrug 0,4 Sekunden.

Das vollkommen Unerwartete dabei aber war: Der Moment, den der Teilnehmer als »Jetzt entscheide ich mich« angegeben hatte, lag jeweils 0,4 Sekunden nach (!) dem gemessenen Impuls für das Greifen. Der scheinbar freie Wille hinkte dem realen Greifimpuls fast eine halbe Sekunde hinterher. Doch wenn es der Wille im Gehirn nicht war, wer oder was gab dann den tatsächlichen Impuls?

Libets legendärer Versuch wurde vor wenigen Jahren in Deutschland wiederholt. Durch die inzwischen deutlich feineren Messmöglichkeiten konnten die Forscher teilweise über acht Sekunden (!) im Voraus sagen, für welche Möglichkeit sich das Gehirn eines Versuchsteilnehmers entscheiden wird.

Dieser Versuch ist deshalb so interessant, weil dabei ausschließlich das Gehirn gemessen wurde und das Ergebnis einfach gesagt lautete: »*Etwas*, das von außerhalb des Gehirns kommt, sendet die Information, sich für dies oder das zu entscheiden, an das Gehirn.«

Dieses »Etwas«, diese andere Intelligenz, nannte Libet damals: Gott. Mit dem heutigen Wissen können wir genauer sagen, was es ist: das Herz. Es schickt den Impuls, etwas zu tun, ans Gehirn. Aber wie wir bald sehen werden, hatte Libet dennoch recht.

Das ewige Wissen der Menschheit um das Herz

Das Wissen um die Fähigkeiten unseres Herzens ist so alt wie die ältesten Kulturen, und es spiegelt sich noch heute in der Sprache wieder. Das indische Sanskrit zum Beispiel, dessen Entstehung man auf über 1000 Jahre v. Chr. datiert, ist eine der ältesten noch gesprochenen Sprachen der Welt. Viele der heiligen Schriften und religiösen Überlieferungen Indiens sind in Varianten dieser kulturellen Ursprache verfasst. Sanskrit ist für westlich denkende Menschen ein gewisses Phänomen, denn wofür westliche Sprachen einige Sätze der Erklärung bräuchten, kommt das Sanskrit oft mit einem einzigen mehrdeutigen Wort aus.

»Herz« heißt im Sanskrit *Hrd*, gesprochen »Hrid«. Auch ohne Sprachwissenschaftler zu sein, ahnt man, dass hier Zusammenhänge zu Wörtern wie »Heart« oder »Herz« zu finden sind. Wirklich spannend ist jedoch, was es bedeutet:

- *Hrd* bedeutet »Zentrum«.
- *Hrd* bedeutet »Bewegung«, »Pochen«.
- *Hrd* bedeutet »Seele«.
- *Hrd* bedeutet »Herz«.
- *Hrd* bedeutet »Denken«, »intellektuelle Abläufe«, »Intelligenz«.

Wenn also Menschen seit 3000 Jahren auf Sanskrit »Herz« sagen, meinen sie immer gleichzeitig auch »Verstand«. Im Griechischen ist das Wort für »Herz« übrigens *kardia* und bedeutet zusätzlich: »Gedanken« sowie »Gefühle«. Ähnlich wie das hebräische Herzwort *lebeb* auch »Verständnis« und »Bewusstsein« bedeutet.

Die zweite Fähigkeit des Herzens

Das Herz und seine Intelligenz

Das grenzenlose
Wissen in mir selbst

Das denkende Herz

Obwohl unser Herz auf den ersten Blick vor allem ein großer Muskel zu sein scheint und man annehmen könnte, es bestünde vor allem aus Muskelzellen, sind 60 bis 65 Prozent seiner Zellen Neuralzellen, also nur für die Verarbeitung von Informationen zuständig. Etwa 40 000 davon sind sogar reine Gehirnzellen, also identisch mit jenen Zellen in unserem Kopf, die für Denk- und Merkvorgänge zuständig sind.

Unser Herz veranlasst selbstständig, also ohne das Gehirn zu fragen, die Ausschüttung von Hormonen und Neurotransmittern – Botenstoffen wie Dopamin oder das Stresshormon Noradrenalin – und gibt diese ans zentrale Nervensystem ab. Einfach gesagt kann das Herz unserem Körper eigenständig Anweisungen geben.

Die Wissenschaft kann inzwischen nachweisen, dass die Signale unseres Herzens messbar unsere Hirnstrommuster verändern. Es ist über eine direkte Nervenleitung mit dem Mandelkern (Amygdala) im Gehirn verbunden, jenem Bereich, in dem die Verarbeitung von Emotionen wie Angst, aber auch von Lachen oder Weinen ablaufen. Interessanterweise ist die Amygdala auch für die gefühlsmäßige Einschätzung von Situationen zuständig, letztlich also für alle Entscheidungen, die wir nach »gefühltem Wissen« aus dem Herzen heraus treffen. Kurz gesagt kann unser Herz Gefühle erzeugen und uns damit Hinweise geben.

Leistungen wie diese erklären auch, warum unser Herz fünf Prozent des gesamten Sauerstoffs im Körper verbraucht, obwohl es nur ein halbes Prozent der Körpermasse ausmacht. Denn neben dem reinen Bluttransport – der allein schon viel Kraft braucht – verarbeitet es nachweislich psychische und physische Informationen vorab, ehe es sie ans Gehirn sendet. Und dieser Vorgang braucht ebenfalls viel Energie.

Noch anschaulicher wird es, wenn man die Leistung des Herzens mit dem Gehirn vergleicht: Würde unser Herz sich auf die Geschwindigkeit unseres Verstandes reduzieren und ihm alles detailliert erzählen, was es in einer einzigen Sekunde wahrnimmt, so müsste der Verstand dafür über 50 Stunden zuhören.

»Das wahre Wissen kommt immer aus dem Herzen.«

Leonardo da Vinci (1452–1519)
– Italienisches Universalgenie, Maler, Bildhauer, Baumeister, Zeichner und Naturforscher –

Das sich erinnernde Herz

Signale wandern also aus dem Herzen nach oben und lösen im Gehirn »etwas« aus. Was genau ein Herzsignal letztlich bewirkt, ist nicht bei jedem Menschen gleich.

Stellen Sie sich vor, zwei Freunde gehen zusammen spazieren, und irgendwo bricht der Weg ab, weil Wasser ihn unterspült hat. Jemand hat eine Brücke aus einem Baumstamm über die Stelle gelegt, und beide Spaziergänger haben den spontanen Impuls, diese natürliche Brücke zu überqueren, um auf der anderen Seite ihren Weg fortzusetzen.

Bei dem einen löst die Vorstellung, auf diese Weise über den Graben zu balancieren, ein Glücksgefühl aus. »Was für ein Abenteuer, was für ein Spaß, wie damals als Kind!« Beim anderen löst es hingegen starke Angst aus. »Wenn ich umknicke und stürze, werde ich mich verletzen und schmutzig werden!« Dieselbe Idee, derselbe Baumstamm. Derselbe Wunsch, dahinter weiterzuspazieren. Und dennoch sind die beiden Freunde plötzlich in zwei völlig verschiedenen Erlebniswelten.

Oder nehmen wir eine Beziehungssituation. »Steh auf und sprich diese Frau an!« Es gibt viele Menschen, die über so ein Signal aus dem Herzen erschrecken würden. »Das traue ich mich nicht. Ich will keine Abfuhr, weil mir das wehtut.« Die Herzsignale treffen auf Muster im Unterbewusstsein oder auf Überlegungen im wachen Verstand. Je nach Persönlichkeit, Charakter und Bewusstheitsstand wird dem Herzimpuls dann ohne großes Nachdenken gefolgt, oder es wird eine mit dem Verstand abgestimmte Entscheidung getroffen. Häufig entscheidet der Verstand auch ganz allein, und dann vielleicht aus alten Mustern heraus dagegen.

Das Herz als Sitz der Ursprungspersönlichkeit

Nicht nur vom Herzen zum Gehirn, sondern auch vom Verstand in Richtung Herz fließen Signale. Wenn unsere Augen oder Ohren dem Gehirn eine Überraschung oder Gefahr melden, fährt uns der Schreck oft direkt ins Herz und danach in die Glieder. Selbst wenn der Verstand sich eine Sache nur vorstellt, fließen diese Informationen fast so intensiv in Richtung unseres Herzens, als würden wir es tatsächlich gerade erleben.

Die Fähigkeit zum gedanklichen Durchleben ist eine der wesentlichen Kräfte des Verstandes. Mit ihr können wir quasi simulieren und herausfinden, was es im Herzen »mit uns macht«.

Zusätzlich zur Herz-Verstand-Verbindung verfügt das Herz auch über ein eigenes, autarkes neuronales Netzwerk, das tatsächlich, genau wie ein Gehirn, Kurzzeit- und Langzeiterinnerungen speichern kann. Man könnte es als »Herzgehirn« bezeichnen. Fast schon eine eigene Persönlichkeit …

Die Liebe zu Kentucky

Die Amerikanerin Claire Sylvia erregte in den 1990er-Jahren weltweites Aufsehen mit ihrem Buch »Herzensfremd«. Claire bekam im Yale-New-Haven-Krankenhaus in Connecticut die Lunge und das Herz eines verunglückten Motorradfahrers eingesetzt. Doch um die Herkunft der Organe wusste sie zu diesem Zeitpunkt nichts.

Claire Sylvia war der erste Mensch in ihrem Bundesstaat mit einem solchen Eingriff, und so wurde der Operation und in der Folge auch ihr als Person viel Aufmerksamkeit seitens der Presse zuteil. Kurz nach der geglückten Transplantation hielt das Krankenhaus eine Pressekonferenz ab, auf der auch Claire zu ihren Erlebnissen befragt wurde. Während dieser Veranstaltung wurde ihr zum ersten Mal bewusst, dass etwas mit ihr nicht stimmte.

»Nach was sehnen Sie sich mehr als alles andere, jetzt, wo Sie diese Operation überstanden haben?«, erkundigte sich ein Journalist.

»Im Moment möchte ich nichts lieber als ein kühles Bier«, antwortete Claire spontan und erschrak gleichzeitig, als sie sich das sagen hörte. Aus irgendeinem Grund glaubte sie gerade wirklich, dass es nichts anderes auf der Welt gab, das ihren Durst besser hätte stillen können. Das war deshalb so merkwürdig, weil sie nie zuvor gern Bier getrunken hatte. Am Abend nach diesem Vorfall kam ihr der Gedanke: »Vielleicht war der Spender meiner Organe ein Biertrinker?«

Zu diesem Zeitpunkt hatte Claire noch keine Ahnung, dass sie später auf diesen Moment als das erste merkwürdige Ereignis in einer ganzen Kette überaus seltsamer Geschehnisse zurückblicken würde. Zunächst berichtete sie ihrem behandelnden Arzt davon. Doch weil der nicht wusste, wovon genau sie sprach, gab er ihr den Rat, sich einfach keine Gedanken zu machen.

Einen Monat später durfte Claire das Krankenhaus verlassen und in eine Rehaklinik wechseln. »Nun, wo ich wieder halbwegs normal essen durfte«, berichtete sie Jahre später in einem langen Interview, »bemerkte ich seltsame Gelüste auf Essen, das ich nie zuvor gemocht hatte. Karamellriegel, grüne Paprika und Sachen von der Fastfood-Kette Kentucky Fried Chicken.«

Im Laufe der kommenden Wochen stellte sie an sich mehrere Veränderungen in Richtung zu männlichen Eigenschaften fest. So bemerkte sie zum Beispiel, dass etwas an ihr offenbar Signale an Frauen aussendete, die auf einen gleichgeschlechtlichen Beziehungswunsch hindeuteten. In Wahrheit entsprach das ganz und gar nicht Claires Absichten.

»Meine ganze Persönlichkeit schien sich zu verändern«, erzählte sie später. »Mein Gang wurde maskuliner, und ich hatte weniger Interesse an Männern. Ich war aggressiver, bestimmter und hatte mehr Selbstvertrauen.

›Warum gehst du so seltsam?‹, fragte mich meine Tochter Amara. Sie war gerade im Teenageralter. ›Du wirkst so schwerfällig wie ein muskelbepackter Footballspieler.‹ Ich stellte fest, dass eine bestimmte feminine Zurückhaltung in mir verschwunden war.«

Etwa um diese Zeit herum hatte Claire den seltsamsten Traum ihres bisherigen Lebens. »In diesem Traum«, so berichtete sie, »befand ich mich auf einem grasbewachsenen Platz im Freien. Es war Sommer, und ich war bei einem hochgewachsenen, schlanken jungen

Mann mit sandfarbenem Haar. Sein Name war Tim. Möglicherweise Tim Leighton, aber ich bin mir nicht sicher. Ich dachte an ihn als Tim L. Wir schienen gute Freunde zu sein. Als ich ihn verließ, fühlte ich, dass etwas zwischen uns nicht abgeschlossen war. Ich drehte mich um, ging zurück, um ihm Auf Wiedersehen zu sagen, und wir küssten uns. Es war, als würde ich ihn mit dem tiefsten Atemzug, den ich je gemacht hatte, in mich einsaugen. Ich fühlte mich vollkommen wie Tim und wusste, wir würden für immer eins sein. Als dieser Traum zu Ende war, hatte sich etwas verändert. Ich wachte mit dem Wissen auf, dass Tim L. mein Spender war und dass einige Teile seines Geistes und seiner Persönlichkeit jetzt in mir waren.

Ich wollte diese Angaben überprüfen, aber das ganze Transplantationsprogramm unterlag strengen Regeln der Vertraulichkeit. Also rief ich Gail Eddy an, die Transplantationskoordinatorin. Obwohl sie mir nicht sagen durfte, wer mein Spender war, hoffte ich, dass sie mir zumindest den Namen Tim L. bestätigen konnte. Als ich Gail danach fragte, gab es eine kurze Pause.

›Ich darf das nicht, mit Ihnen diskutieren‹, antwortete sie schließlich. ›Am besten lassen Sie ihn gehen. Machen Sie dieses Fass nicht auf.‹

Ich war enttäuscht, aber ich respektierte Gails Entscheidung und versicherte ihr, dass ich das Thema fallen lassen würde. Doch das Thema weigerte sich, mich fallen zu lassen.

Einige Monate später, bei einem Theaterbesuch, traf ich Fred, einen ziemlich gut aussehenden Mann aus Florida. Wir sprachen über meine Transplantation und über den Spender. Ich war mir nicht sicher, ob Fred echtes Interesse an meiner Operation hatte oder nur Smalltalk machen wollte, aber etwas an ihm gefiel mir, und ich gab ihm meine Telefonnummer.

Am nächsten Morgen rief Fred mich an und wollte mich erneut treffen. Er erklärte, dass ihn meine Geschichte bewegt hätte und –

verrückterweise – hatte er in dieser Nacht einen Traum gehabt, in dem er die Todesanzeige meines Organspenders gesehen hatte.

Wir beschlossen, gemeinsam nach Boston zu fahren, die dem Unfallort nächste Stadt. Dort wollten wir die Zeitungen aus der Unfallwoche meines Spenders nach einer Todesanzeige durchforsten. Als ich ankam, war Fred schon im Archiv und blätterte in den Zeitungen aus der Woche meiner Transplantation.

Wir fanden bald, was wir suchten: eine Todesanzeige für einen 18-Jährigen, der bei einem Motorradunfall gestorben war. Sein Name war Timothy Lamirande. Mein Traum über ›Tim L.‹ hatte sich also letztlich als wahr herausgestellt.

Ich fühlte, wie meine Knie weich wurden und ich mich setzen musste. Die Anzeige erwähnte fünf Schwestern und zwei Brüder. Die ganze Familie meines Herzens, sie war hier, auf diesem Stück Papier!

Bis zu diesem Zeitpunkt war ich mir auf eine seltsame Weise nicht zu 100 Prozent sicher, dass die Transplantation auch wirklich geschehen war. Der ganze Vorgang war so unglaublich, dass es bisher einfacher gewesen war, es als ein Wunder anzusehen. Doch jetzt plötzlich wusste ich, dass der Spender real war und dass er eine Familie hatte. Hier war der Beweis: ein Name, eine Stadt, eine Adresse.

Einige Tage später traf ich meine Ansprechpartnerin im Krankenhaus, Gail Eddy, und erzählte ihr, was geschehen war. Ich fragte sie, ob sie es für möglich hielt, dass einer der Ärzte während meiner Operation den Namen des Spenders ausgesprochen hatte und es irgendwie in mein Bewusstsein durchgedrungen war.

›Das habe ich mich auch schon gefragt‹, sagte Gail. ›Aber die Ärzte erfahren nie den Namen des Spenders. Außerdem arbeitet Dr. Baldwin immer in fast völliger Stille. Es wird kaum ein Wort gesprochen.‹

Etwa neun Monate später hatte ich wieder einen Traum über Tim. Ich fühlte, dass er alles tat, um mir die Richtung zum Haus seiner

Eltern zu weisen. Also beschloss ich, nun seine Familie zu kontaktieren. Ich schrieb an sie, und wir vereinbarten einen Besuch.

Zusammen mit einem guten Freund fuhr ich nach Milford im Bundesstaat Maine. Dort warteten wir auf einem Parkplatz, wo uns Tims Vater treffen würde. Als ein großer brauner Wagen langsam in Sichtweite kam, zog sich mein Magen zusammen. Herr Lamirande war kleiner, als ich erwartet hatte, und er begrüßte uns mit einem einfachen ›Hallo‹. Nicht gerade die Art tiefgreifender Moment, die ich erwartet hatte.

Wir fuhren ihm zu seinem Haus nach. Tims Eltern lebten in einer Welt aus großen Schindelhäusern und frisch gemähtem Rasen. Ich war unglaublich nervös und sehr überrascht, drei von Tims Schwestern dort zu sehen, die mich begrüßten.

Da war ich nun also, mit Tims Herz in mir, während ich auf Tims Couch neben Tims Mutter saß und wir über das Wetter redeten. Wir tauschten Smalltalk aus, bis Annie hereinkam, die vierte Schwester, die Tim im Alter am nächsten war. Sie lehnte sich gegen den Kaminsims, sah mir in die Augen und sagte: ›So, und nun erzählen Sie uns, wie Sie uns gefunden haben.‹

Ich erzählte alles, und das Einzige, was meine Geschichte unterbrach, waren die Ausrufe der Verwunderung. Als ich fertig war, waren viele Augen mit Tränen gefüllt.

›Keiner der anderen Menschen, die seine Organe bekommen haben, hat mit uns Kontakt aufgenommen‹, sagte Tims Schwester Carla.

Ich erfuhr, dass Tims Familie zusätzlich zu seinem Herzen und der Lunge auch Hornhäute, Nieren und Leber gespendet hatte.

Frau Lamirande, die mich inzwischen gebeten hatte, sie June zu nennen, ging in ein anderes Zimmer und kam mit einem gerahmten Foto zurück. Sie setzte sich wieder auf die Couch und drehte das Bild so, dass ich es sehen konnte.

Tim trug eine Brille, obwohl ich ihn in meinen Träumen nicht so gesehen hatte. Auf dem Foto war er etwa vierzehn, in einen Anzug gekleidet, und stand neben einem Priester. Aber selbst mit der Brille konnte ich das Funkeln in seinen Augen sehen. June begann, etwas über Tim zu sagen, als ihr plötzlich die Worte im Hals stecken blieben. Tränen schossen in ihre Augen, und ich fühlte zwischen uns beiden eine Verbindung, wie ich es niemals zuvor erlebt hatte.

Aber noch immer konnte ich nicht begreifen, was gerade geschah: Ich, mit einem Foto von Tim in der Hand, das ich mit meinen beiden Händen an sein Herz in meiner Brust drückte! Ich hielt inne, um Atem zu holen, und spürte, wie Tims Lunge sich mit Luft füllte. Nur war das jetzt meine Lunge. Meine, mit der ich atmete. Während ich mit seiner Mutter neben mir trauerte.

June sagte, Tim habe eine unglaubliche Energie gehabt. Seine Schwestern beschrieben, wie schwierig es war, auf ihn aufzupassen, als er noch ein Baby war, und wie er immer wieder versucht hatte, von ihnen fortzulaufen.

›Er war sehr unruhig‹, sagte eine von ihnen.

Vielleicht erklärte das, warum ich jetzt auch so viel Energie hatte.

›War er ein Biertrinker?‹, erkundigte ich mich.

Seine Schwestern nickten. Als ich ihnen erzählte, wie sehr ich kurz nach der Operation eines haben wollte, lächelten sie.

Es war für mich so unglaublich hier zu sein, dass ich ganz vergaß, dass ich mit bestimmten Fragen gekommen war. Ich erkundigte mich, ob Tim jemals Erkältungen gehabt hatte, und falls ja, ob er sich schnell erholt hatte. Sie erzählten mir, dass er kaum jemals krank gewesen war, und ich fragte mich, ob das der Grund für meine neu gewonnene, starke Widerstandskraft war. Ich fragte auch, ob er gern grüne Paprika gegessen hatte. Vor der Operation hatte ich sie nie gemocht, doch seitdem liebte ich sie und aß sie bei praktisch jeder Mahlzeit.

Seine Schwester sagte: ›Ja, Tim hat grüne Paprika sehr gemocht. Aber was er wirklich liebte, waren Chicken Nuggets.‹

Das erklärte meine Ausflüge zu Kentucky Fried Chicken. Ich war sprachlos.

Später an diesem Wochenende, ehe ich wieder nach Hause aufbrach, ging ich mit der Familie Lamirande in ein Restaurant im Ort. Und Tim zu Ehren bestellte ich Chicken Nuggets.

Die ganzen Gespräche waren für mich wie reines Licht gewesen. Weit über den eigentlichen Anlass meines Besuchs hinaus.

›Ich bin keine große Schreiberin‹, sagte June gegen Ende. ›Deshalb werde ich dir wohl nicht viele Briefe schicken. Aber ich möchte, dass du weißt, dass du jederzeit herzlich bei uns willkommen bist.‹

Auf dem Rückweg zum Haus der Lamirandes fragte mich June, ob ich noch auf einen Nachtisch mit hineinkommen wolle.

Als wir drinnen waren, verschwand June, um kurz darauf mit einem riesigen Kuchen zurückzukommen. Darauf stand in Großbuchstaben ein einziges Wort geschrieben: WILLKOMMEN.

Die Mutter meines Herzens hielt mir den Kuchen entgegen, und ihr Gesicht strahlte.

›Schokolade‹, sagte sie. ›Tims Lieblingskuchen.‹«

Ein Herz mit einer Seele

Als Benjamin Libet zum Abschluss seines Experiments zum freien Willen sagte: »Diese 0,4 Sekunden sind Gott«, hatte er recht. Auch wenn man jetzt gerade herausfindet, dass die dem freien Willen vorgeschaltete intelligente Quelle das Herz ist. Fügen Sie das spirituelle Wissen der Menschheit um das Herz hinzu, und die Kette schließt sich. Alles wird plötzlich logisch und verstehbar: Das Herz ist der Sitz der Seele. Und die Seele ist verbunden mit dem Göttlichen. Vergleichbar mit einem Wassertropfen aus dem Meer, der weiterhin aus dem Material des Meeres besteht, so ist auch die Seele in jedem Moment ein Stück Gott. Der Impuls aus dem Herzen ist also tatsächlich ein Impuls aus der Seele und damit aus dem Bewusstsein, das letztlich Gott ist.

Oder anders gesagt: Immer, wenn Sie auf Ihr Herz hören, hören Sie automatisch auf Gott, Ihre Führung, das Große oder wie immer Sie es für sich persönlich bezeichnen. Selbst wenn Sie mit Glauben, Spiritualität oder Religion nichts anfangen können, wird Ihr Herzverstand Sie führen. Denn es ist keine Frage des Glaubens, sondern eine nachweisbar vorhandene Fähigkeit. Der Glaube kann es allenfalls leichter machen, sie zu nutzen.

Die älteste Wissenschaft um die Weisheit aus dem Herzen

Das Wort »Philosophie« kommt vom altgriechischen *philosophia* und bedeutet wörtlich: »Liebe zur Weisheit«. Die großen Philosophen überließen nur sehr ungern ein Wort dem Zufall, und so haben sie gerade diesen Begriff nicht beiläufig gewählt, sondern darin einen Weg versteckt:

- Die *Liebe* ist eine Fähigkeit des Herzens. Wenn Sie zu etwas oder jemandem Liebe empfinden, sind Sie nicht mehr allein im Verstand.
- Die *Weisheit* ist ein Zustand, der über das reine Wissen des Verstandes hinausgeht. Sie beinhaltet neben dem rationalen

Wissen auch ein intuitives und ein erfahrenes Wissen um das Leben. Weisheit bezieht zudem oft noch eine höhere, spirituelle Ebene mit ein.

Viele Menschen sind der Philosophie zugeneigt, weil sie für die Momente, in denen man ihr begegnet, das Leben besser macht. Selbst ein kleiner Impuls, wie ein Zitat, berührt etwas, gibt einen Halt, eine innere Zustimmung oder einen Wegweiser.

Heute kommen von diesem seit Jahrtausenden so wertvollen »Wissen um ein gutes Leben« oft nur ein paar Fragmente in den Alltag. Das liegt zum einen ein wenig daran, dass die Philosophie als Wissenschaft manchmal recht kompliziert, schwer verständlich und nicht immer volksnah angewendet wird. Vor allem aber liegt es daran, dass sie aus dem Herzen in den Kopf verlagert wurde. Wo sie doch ursprünglich dazu gedacht war, Herz und Verstand zu verbinden.

»Die Philosophie bietet mir einen Hafen,
während ich andere mit den Stürmen kämpfen sehe.«

Platon (428–348 v. Chr.)
– Griechischer Philosoph, Begründer der abendländischen Philosophie –

Den Herzverstand aktivieren (1): Der Zetteltest

Ihr Herz ist ein extrem sensibler Sensor, der mehr kann, als Ihr Verstand wahrscheinlich für möglich hält. Die folgende Übung ist hilfreich, wenn Sie eine Entscheidung zu treffen haben und verschiedene Möglichkeiten zur Auswahl stehen, von denen Sie aber keine eindeutig ausschließen oder klar als die richtige benennen können. Die Übung wird dann perfekt funktionieren, wenn Sie innerlich offen und dankbar für eine Wegweisung zu einer der Möglichkeiten sind und wenn Sie auch tatsächlich umsetzen wollen, was Ihr Herz Ihnen rät.

1. Als Erstes schreiben Sie alle Optionen, die theoretisch in Frage kommen, in Stichworten oder als einzelne Wörter auf Zettel. Ideal sind leere Zettel, die sich optisch nicht unterscheiden.
   Wenn Sie beispielsweise nicht wissen, ob Sie nach Frankfurt oder nach München ziehen sollen, schreiben Sie auf den einen Zettel »Frankfurt« und auf den anderen »München«. Falls es die theoretische Option gibt, gar nicht umzuziehen, schreiben Sie auf einen dritten Zettel: »Hierbleiben«.
   Oder Sie möchten wissen, ob Sie eine neue, Ihnen angebotene Stelle annehmen sollen oder nicht. Dann schreiben Sie den Namen der Firma und der Stelle auf einen Zettel. Auf den zweiten Zettel schreiben Sie Ihre Option: »Bei jetziger Stelle bleiben« oder »weitersuchen«.
   Wären Sie, wie Klaus Schubert und Claudia Metz, zwei Weltreisende mit Motorrad am Strand auf den Philippinen, würden Sie »Zelt« und »Hütte« auf Ihre Zettel schreiben.
2. Falten Sie die Zettel identisch und so, dass Sie von außen nicht mehr erkennen können, was draufsteht. Noch besser nehmen Sie identische Briefumschläge und stecken je einen Zettel hinein. Anschließend blind durchmischen. Wichtig ist, dass Sie am Ende nicht mehr sagen können, welche Option auf welchem Zettel steht oder in welchem Umschlag ist.
3. Sagen Sie sich nun: »Ich möchte wissen, was im Herzen das Richtige ist.«

4. Nehmen Sie einen beliebigen Umschlag, und halten Sie ihn auf Ihr Herz. Drücken Sie ihn mit beiden Händen an Ihre Brust, und bleiben Sie bei der Frage: »Ist das hier im Herzen richtig?« Wahrscheinlich bekommen Sie unmittelbar ein innerlich hörbares oder gefühltes Ja oder Nein. Oder ein Gefühl von »unsicher, weder ja, noch nein«.
   Falls Sie vor allem über Gefühle wahrnehmen, können Sie auch genau hineinspüren, wie sich Ihre Herzregion verändert. Es kann hell, leicht, aufgeregt oder freudig werden. Oder dunkel, eng, schwer, traurig.
   Prüfen Sie der Reihe nach alle Umschläge durch. Merken Sie sich, welche Antworten oder Gefühle Sie zu welchem Umschlag bekommen. Prüfen Sie es gern mehrere Male, damit Sie sich ganz sicher sein können, was Ihr eindeutiger Favorit ist und was sich ganz sicher »nicht so gut« anfühlt.
5. Nun sehen Sie nach und vergleichen Sie, ob Sie es vielleicht sogar schon geahnt oder innerlich ganz leise doch bereits so entschieden hatten. Vielleicht nickt beim Nachsehen sogar etwas ganz deutlich in Ihnen und sagt: »So ist es, das war mir eigentlich schon klar.«

Tipp: Förderlich für diese Herzensbefragung ist, wenn Sie jede Option als *positive Möglichkeit zu handeln* aufschreiben und keine Ablehnungen von etwas. Würden Sie Zettel mit »Frankfurt« und »nicht Frankfurt« auf Ihr Herz legen, würde das negative Wort »nicht« parallel zum Wort Frankfurt wirken. Sie können es sich ein wenig so vorstellen, als prüfte Ihr Herz den Geschmack der Wörtermischung auf dem Zettel. Wenn ein schlechter Wortgeschmack neben dem steht, was Sie eigentlich prüfen wollen, wirkt der schlechte Geschmack automatisch mit und verfälscht somit das Antwortgefühl.

Als Aristoteles den Herzverstand entdeckte

Der Philosoph Aristoteles prägte vor fast 2400 Jahren einen Begriff, der die Reise durch die Zeit und Kulturen bis heute überdauert hat. Auch Sie haben ihn schon oft verwendet, wenn Sie eine Antwort suchten oder jemandem dabei helfen wollten. Aristoteles fand heraus, dass im Herzen jedes Menschen ein Sinn existiert, der allen anderen Sinnen übergeordnet ist. Ein Sinn, der die Fähigkeit besitzt, die Informationen aller Einzelsinne perfekt zusammenzufassen und zu beurteilen. Er nannte diesen Sinn *koine aisthesis*, wörtlich: »Sprache der Wahrnehmung, Sprache der Empfindung«.

Die Reise des Begriffs durch die Geschichte lässt sich genau nachvollziehen. Er wurde von den Römern als *sensus communis* ins Lateinische übernommen. Daraus entwickelten sich dann das englische *common sense* und das französische *bon sense*. Im Deutschen wurde es zu »Gemeinsinn« und in einer seiner Bedeutungen schließlich zu »gesunder Menschenverstand«.

Auf dem Weg durch die Jahrtausende bis heute ist etwas sehr Gutes erhalten geblieben, aber auch etwas Wichtiges verloren gegangen.

Was erhalten blieb: Man sagt einem Menschen gern, er solle doch mal seinen gesunden Menschenverstand einsetzen, wenn man feststellt, dass er sich in seinen eigenen Gedanken und Gefühlen verstrickt hat. Man meint jedoch nicht, er solle tatsächlich noch mehr nachdenken, denn der verwirrte Verstand ist ja gerade sein Problem. In Wahrheit sagt man, der andere möge doch einmal innehalten, im Kopf ruhig werden und sich besinnen.

Was verloren ging, ist die Information, dass jener höhere Sinn, der einem bei kurzem Innehalten die richtigen Antworten liefert, die Sprache der »Empfindung« ist. Der gesunde Menschenverstand, so wie Aristoteles ihn beschrieb, bildet sich, wenn man die Wahrnehmung des Herzens mit dem Verstand verbindet. Es ist der Herzverstand. Die höchste Intelligenz und Kraft in Ihrem Leben.

»Den Verstand zu schulen,
ohne gleichzeitig das Herz zu schulen,
ist keine Schulung.«

Aristoteles (384–322 v. Chr.)
– Griechischer Philosoph und Naturwissenschaftler –

Die dritte Fähigkeit des Herzens

Das Herz und die Erschaffung der Welt

Das geheime Zentrum meiner Realität

»Was nicht sein kann ...«

Unser Verstand hat die Fähigkeit, Begebenheiten, die er nicht für möglich hält, sogar noch in dem Moment aus unserer Wahrnehmung herauszufiltern oder sie mit Argumenten abzulehnen, in dem sie direkt vor unseren Augen geschehen. Einfach nur deshalb, weil er sie nicht will oder eben für unmöglich hält. Es kann nicht sein, weil es nicht sein darf. Doch es gibt Situationen, in denen die Ereignisse so eindrücklich und deutlich sind, dass dem Verstand nur noch eine Möglichkeit übrig bleibt: das alte Weltbild loszulassen und ein größeres anzunehmen.

Das Ereignis von Mayapán

Im Jahr 1990 hatten alle geistigen Oberhäupter der über 500 Indianerstämme Nord-, Mittel- und Südamerikas innerhalb von vier Monaten dieselbe Vision. Von Alaska bis Feuerland empfing jeder der »Ältesten« in der ihm eigenen Bildsprache die Botschaft: »Suche die anderen, trefft euch und vereint eure Völker.« Mit den »anderen« waren die anderen indigenen Völker Amerikas gemeint.

Dass dieser Zeitpunkt kommen würde, war bereits seit Jahrhunderten in den Legenden und Überlieferungen aller Stämme angekündigt worden, doch erst jetzt kam die Anweisung, sich tatsächlich aufzumachen und einander zu finden. Ein Ältester der Apachen las es aus der lange angekündigten Geburt eines weißen Büffels. Ein Navajo aus dem gleichzeitigen Auftauchen dreier Adler. Ein Inkapriester aus Peru erkannte es im Ruf eines Kondors. Anderen erschienen im

Traum Tiere mit Botschaften. Jeder bekam den Aufruf in einer Sprache, die er verstehen konnte. Und jeder folgte der Aufforderung.

Zwischen Alaska und Feuerland liegen 15 000 Kilometer, und die meisten Völker und Stämme waren sich noch nie begegnet. Zunächst mussten sie alle lernen zu reisen, miteinander Verbindung aufzunehmen und zu halten, sich zu organisieren und über ihre Kulturen hinweg auszutauschen. Zehn Jahre in Folge trafen sich heilige Männer und Frauen dann im Geheimen, um zu beraten, was ganz genau die Aufgabe hinter der gemeinsamen Botschaft war und wie man ihr folgen sollte. Dann wussten sie es.

An einem Montag im April 2003 trafen sich 111 Abgesandte der Indianerstämme Nord-, Mittel- und Südamerikas zu einer in der Geschichte der indigenen Völker Amerikas einzigartigen Zeremonie. Wie durch Zufall waren auch erstmals 111 westliche Beobachter, Journalisten und Filmteams aus allen Kontinenten der Welt dabei – ebenfalls einmalig in der Geschichte, denn bislang durfte kein Außenstehender an den geheimen Zusammenkünften der Urvölker teilhaben.

Es war ein wolkenloser, trocken heißer Tag in der von weitem Buschland umgebenen Tempelanlage Mayapán auf der Halbinsel Yucatán in Mexiko. Seit vielen Wochen ächzte das Land unter der anhaltenden Trockenheit, die Rinder scharten sich um die versiegenden Wasserstellen, und auf den staubigen Feldern verdorrte der Mais.

Um elf Uhr vormittags betraten die Männer und Frauen den steinernen Zeremonienplatz am Fuß der breiten Treppe, welche die Kukulkán-Pyramide hinaufführt. Fast alle der Älteren waren unter überaus mühevollen Umständen angereist. Auf Ladeflächen von Lastwagen, per Bus oder Zug und große Strecken auch zu Fuß. Hunderte und Tausende von Kilometern, manchmal über Wochen hinweg und auf unsäglichen Straßen. Die meisten Stämme verfügen kaum über Geld, und das Wenige, was man zusammenbekommen konnte, reichte oft nicht einmal für den einfachsten Transport. Hungernd, durstig und auf dem bloßen Boden übernachtend hatten manche der Ältesten ihre letzten Kräfte für die Anreise nach Mayapán verbraucht. Doch für den heutigen Anlass hatten alle ihre schönsten Zeremoniengewänder angelegt und folgten dem für sie heiligen Auftrag. Denn aus Sicht der Navajos, Hopi, Apachen, Mayas, Azteken, Inkas und all ihrer Brüder und Schwestern ging es um nichts weniger als um die Heilung und die Zukunft der Erde.

Nach dem Verständnis der Indianer war Amerika und damit seinen Ureinwohnern eine große Verletzung zugefügt worden. Durch den Bau des Panamakanals, der den Atlantik mit dem Pazifik verbindet, wurde aus Sicht der indigenen Völker Gesamtamerika in zwei Teile zerschnitten und damit auch die Gemeinschaft seiner Bewohner. Vierhundert mit Leid gefüllte Jahre hatte es von der Idee der ersten spanischen Eroberer bis zur Fertigstellung des Kanals im Jahr 1914 gedauert. Viele tausend Menschenleben hatte es gekostet. Seitdem, so die Weisen, ist das Herz der Erde und ihrer Völker in zwei Teile zerrissen. Um diese Wunde zu heilen, waren sie gekommen.

Nach etwa einer Stunde einleitender Reden zu Thema und Anlass der Zusammenkunft traten zwei Männer hervor. Einer als Vertreter der Völker Nordamerikas, der andere als Vertreter Südamerikas. Eine einfache, geflochtene Schale symbolisierte das Herz der Erde und der mit ihr verbundenen Völker. Der Vertreter Nordamerikas nahm die Schale in beide Hände und hielt sie seinem Gegenüber entgegen, der sie ebenfalls in beide Hände nahm. Etwa eine halbe Stunde lang standen sich die Männer so gegenüber, sprachen über Liebe und Frieden, über Heilung und die Vereinigung von Nationen, und immer wieder gaben die Umstehenden ihre Zustimmung kund.

Bis dahin wäre es für einen ungeschulten Beobachter vielleicht ein Ritual wie viele andere gewesen. Doch was während der Zeit in der

Umgebung der Pyramide geschah, erschütterte die Überzeugungen der westlichen Beobachter zum Thema Realität grundlegend.

Das Erste waren die Vögel. Seit Beginn der Zeremonie hatten sich zunehmend Wüstenbussarde am Himmel versammelt. Im Moment der symbolischen Vereinigung der Kontinente kreiste ein gutes Dutzend über der Spitze der Pyramide. Gleichzeitig hatten sich am zuvor noch strahlend blauen Himmel dunkle Wolken gebildet, die sich nun, aus zwei verschiedenen Richtungen gleichzeitig kommend, über dem Platz zusammenzogen. Und plötzlich kam der Wind. So unerwartet und deutlich, dass Sandhosen über den Platz tanzten und Hüte durch die Luft wirbelten. Zusammen mit dem Wind wurde das erste leise Donnergrollen hörbar. Noch immer standen sich die Abgesandten Nord- und Südamerikas gegenüber und beteten um die Heilung des Herzens der Erde.

Die Surrealität der Szene wurde inzwischen durch Donnerschläge verstärkt, die aus verschiedenen Richtungen in der unmittelbaren Umgebung zu kommen schienen. Im Moment, als die Zeremonie ihren Höhepunkt erreichte und der Vertreter Südamerikas die Schale endgültig entgegennahm, löste sich laut krachend ein Blitz aus den Wolken und schlug in die Spitze der Pyramide ein.

Und dann kam der Regen. Wie aus Kübeln. Warm, weich, angenehm. Die Anwesenden in ihrer sofort durchnässten Kleidung begannen zu tanzen. Die Gebete und Opfer, so verkündeten die Ältesten, waren angenommen worden.

Nach genau dreißig Minuten hörte der Regen auf, die Wolken verschwanden schneller, als sie gekommen waren, und alle trockneten ihre Kleider und nass gewordenen Utensilien in der Sonne. In den folgenden Wochen ging die Dürrezeit weiter wie zuvor.

»Ihr habt gesehen, was die Kraft eurer Herzen bewirken kann, wenn sie in eine gemeinsame Richtung weist«, sagte einer der Ältesten

zum Abschied an die westlichen Beobachter gerichtet. »Und nun geht zurück in eure Länder und berichtet davon.«

Die Annahme des scheinbar Unmöglichen

Diesem Auftrag zu folgen, beschloss, neben vielen anderen Anwesenden, auch die deutsche Filmemacherin Dr. Elke von Linde. Mit einem Kamerateam hatte sie jede Sekunde des Ereignisses in Bild und Ton dokumentiert. Später sollte sie den Beitrag mehreren Fernsehsendern anbieten und dabei den Forderungen gegenüberstehen, genau jene besonderen Szenen herauszuschneiden, weil sie zu unglaubwürdig seien oder den Geschmack des breiten Publikums nicht träfen. Von Linde entschied sich, nicht gegen den Auftrag in ihrem Herzen zu handeln und bei ihrer Version zu bleiben. Unter großem persönlichem Einsatz brachte sie den Film »Der weiße Weg« als DVD heraus. Dieser Entschluss war ihr Start in ein neues Leben als Dokumentarfilmerin und Vortragende. Heute erreicht sie mit ihren Filmen und als begehrte Rednerin unzählige Menschen in verschiedenen Ländern und berührt sie mit ihren Botschaften von Herz zu Herz.

Das Energiefeld des Herzens

Moderne Messinstrumente können heute viele überaus interessante Eigenschaften des Herzens sehr präzise nachweisen. So produziert unser Herz ein elektromagnetisches Energiefeld – bildlich gesprochen eine Art Energiewolke mit magnetischer

Wirkung – mit mehr als 5000 Millivolt (mV). Genug also, um eine kleine Fünf-Volt-Glühbirne zum Leuchten zu bringen, und genug, um noch über 30 Meter Entfernung hinweg mit Geräten messbar zu sein. Unser Gehirn hingegen erzeugt ein Energiefeld von 100 bis 140 mV. Es wird also vom Herzen bezüglich der messbaren Wirkung nach außen um das Fünfunddreißig- bis Fünfzigfache übertroffen.

Die sogenannten Herzströme, die man im EKG misst, können in jeder Zelle im Körper nachgewiesen werden. Macht also Ihr Herz einen Schlag, wird im selben Moment jede Zelle in Ihrem kleinen Zeh von dieser Energie durchströmt. Mit bis zu 2,4 Watt starken elektromagnetischen Impulsen ist das Feld der Herzströme fünftausend Mal stärker als das des Gehirns. Das Herz transportiert also nicht nur Blut und Nährstoffe, sondern auch messbare Energie und Informationen in jeden Bereich des Körpers.

Im Fall von Mayapán hätte ein einzelnes Herz vielleicht nicht jene dramatischen Reaktionen in der Natur bewirken können. Doch die Einigkeit aller Anwesenden in ihren Herzen, verstärkt durch die prismenartige Form der Pyramide, bewirkte ein Ereignis jenseits aller Vorstellungskraft.

Auch das Erlebnis von Klaus und seiner Partnerin in ihrer vom Taifun verschonten Hütte zeigt, dass Naturkräfte und das Feld des Herzens miteinander reagieren.

Das Herz als schöpferisches Feld

Unser Herz erzeugt also ein Feld, und dieses Feld wirkt, selbst wenn man es allein physikalisch betrachtet, auf unsere Umgebung ein. Wo immer wir gerade sind, die Welt um uns herum wird von uns berührt. Berührt von unseren Gefühlen und Gedanken, von unseren Werten und Visionen. Je klarer dies alles in uns selbst ist, umso kraftvoller und unmissverständlicher wird die Welt darauf reagieren. Und jeder Schritt, den wir machen, um etwas zu verstehen, jede Entscheidung, die wir aus unserem Herzen heraus treffen, ist ein Beitrag zu dieser Klarheit unseres Herzfeldes.

Tipp: Eine unmittelbare Möglichkeit, um alle Kräfte zu einem bestimmten Thema völlig klar auszurichten, besteht darin, den Verstand und das Herz in Übereinstimmung zu bringen. Hierfür wiederum gibt es einen guten ersten Schritt: Finden Sie heraus, wo gerade *gegen* Ihr Herz gehandelt wird. Und dann hören Sie wenn möglich auf, das weiterhin zu dulden. Etwas Falsches zu beenden bündelt sofort die Kräfte. Sobald Sie gegen sich selbst handeln oder dies bei anderen zulassen, wird das Herzfeld unklar, und als Folge produziert die Realität immer mehr Unklarheit. Je mehr Sie hingegen ganz im Sinne von sich selbst und Ihren Werten leben, umso klarer wird auch die Ausstrahlung Ihres Herzens.

Was tun, wenn man keine Klarheit findet?

Nun ist das Wissen oft das eine und das praktische Leben das andere. Im Alltag gibt es neben einem Herzensanliegen auch noch Gedanken, Ängste, Pflichten, Glaubenssätze, Ablenkungen, Stress, Emotionen, Fremdbestimmung … Oft wirken so viele Kräfte dem Herzen entgegen, dass man beim Nachdenken darüber nicht einmal den Ansatz eines Systems erkennen kann und einfach keine Klarheit findet. Es erscheint alles zu viel und alles zu verwirrend.

Wenn das gerade wieder einmal so ist, erinnern Sie sich an besondere Ereignisse in Ihrem Leben. In der Rückschau erkennen Sie, dass bei allem Großartigen immer eine Art innere Stimme, die Intuition, ein Bauchgefühl oder eine Herzensentscheidung beteiligt war. Diese Erinnerung daran, dass am Ende alles seine Richtigkeit hat und gut wird, gibt Ihrem Herzen Kraft.

Folge deinem Herzen

»Noch einmal: Wenn Sie in die Zukunft blicken, können Sie nicht erkennen, wo Zusammenhänge bestehen. Das wird erst in der Rückschau möglich. Das heißt, Sie müssen darauf vertrauen, dass sich die einzelnen Mosaiksteinchen in Ihrer Zukunft zu einem Gesamtbild zusammenfügen. Sie müssen auf etwas vertrauen – Ihr Bauchgefühl, das Schicksal, das Leben, Karma, egal was. Denn der Glaube daran, dass sich irgendwann die einzelnen Mosaiksteinchen zusammenfügen werden, gibt Ihnen die Zuversicht, dem Ruf Ihres Herzens zu folgen. Auch wenn der Sie abseits der ausgetretenen Wege führt – aber das macht den Unterschied.«

Steve Jobs (1955–2011)
– Visionär und Unternehmer –
Aus der Rede an der Universität von Stanford 2005

Das schöpferische Herzfeld stärken

Was kann man ganz praktisch machen, wenn man seinen Herzensweg fördern möchte? Und ist das überhaupt möglich? Sind wir per Verstandesentscheidung in der Lage, etwas für das Herz zu tun? Drei einfach zu merkende Schritte helfen tatsächlich spürbar bei der Klärung des Herzens.

- Falls etwas Ihren Herzensweg dauerhaft stört, verändern Sie es.
- Falls Sie etwas nicht verändern können, beseitigen Sie es.
- Falls Sie es weder verändern noch beseitigen können, verändern Sie sich.

Störendes verändern und Stillstand aufheben

Wenn man zum Beispiel einen Beruf ausübt, eine Aufgabe hat oder eine Beziehung lebt, die einem selbst innerlich wehtut, neigt man dazu, es akzeptieren zu lernen. Das kann eine wichtige Übung sein, aber nur, wenn es einem nicht unablässig Schaden zufügt. Wenn etwas dauerhaft wehtut, ist es ein Hinweis darauf, dass etwas verändert werden will, nicht ein Hinweis darauf, dass man härter werden muss.

Beschließen Sie, dass Sie den Zustand von »Stase«, also von Eingefrorensein, nicht akzeptieren. Suchen Sie Möglichkeiten, um wieder ins Handeln und in Ihre eigene Verantwortlichkeit zu kommen.

Das Loslassen prüfen

Falls sich ein Zustand dauerhaft nicht in Richtung Herzensweg verändern lässt, geht es wahrscheinlich ums Loslassen. Die zwei größten Hinderungsgründe fürs Loslassen sind die Angst und die Hoffnung. Man sagt nicht ohne Grund, dass die Hoffnung zuletzt stirbt, denn erst wenn sie geht, wird man frei für das, was die Wahrheit ist. Frei für das Neue. Tendenziell ist Hoffnung eher ein passiver Zustand und gleichzeitig eine Form von Illusion. Die aktiven Zustände auf der anderen Waagschale wären das Handeln und die Suche nach Wahrheit. Man könnte also die Kraft der Hoffnung sehr gut mit kraftvollem Handeln zu etwas Großem verknüpfen.

Sich selbst verändern

Manchmal kann man etwas weder verändern noch beseitigen. Wenn man zum Beispiel eine Krankheit hat, für einen Menschen sorgen muss, eine Aufgabe angenommen hat, steckt man in Zwängen, die man nicht einfach abstellen kann. Dennoch haben Sie auch dann die Möglichkeit, das schöpferische Feld Ihres Herzens auszurichten und zu stärken. Erstens liebt Ihr Herz Klarheit. Zweitens liebt Ihr Herz es, wenn Sie Dinge tun, die Ihnen Freude machen. Und drittens liebt Ihr Herz es, wenn Sie sich nach außen hin so ausdrücken, wie Sie sind. Diese drei Tatsachen können Sie verbinden.

Nehmen Sie *das Leben insgesamt* an, so wie es Ihnen gerade gegeben wird. Es geht nicht vordergründig um diese spezielle Person, nicht um jene lästige Aufgabe, nicht um eine mühevolle Arbeit. Das alles sind Teilereignisse des Lebens. Gehen Sie innerlich höher, und lieben Sie immer wieder das Leben selbst. Bei einem »insgesamt geliebten Leben« verlieren die Ereignisse im Hier und Jetzt bezüglich der Gefühle oft an Wichtigkeit.

Eine Übung zur Annahme

Falls Sie es kurz selbst nachprüfen möchten: Erinnern Sie sich daran, dass Sie in Ihrem »Leben als Ganzes« stecken, dass Sie Teil von etwas sehr Großem sind. Dass dieser Moment jetzt gerade eine vergängliche Winzigkeit auf einem langen Zeitstrahl ist. Dass es einen großen Bogen gibt, der Sie bis hierher getragen hat. Vielleicht spüren Sie bei dieser Vorstellung, wie etwas in Ihnen aufatmet oder wie sich beim Blick auf Ihr Leben insgesamt etwas in Ihnen entspannt.

Mit dieser kurzen Übung können Sie durchaus einen aktuellen Zustand ablehnen oder nicht gut finden und dennoch das Leben selbst als Ganzes annehmen. Damit bleibt die positive Wirkung des Annehmens in Ihnen erhalten.

»Selig sind, die reinen Herzens sind;
denn sie werden Gott schauen.«

Jesus von Nazareth (ca. 4 v. Chr.–30 n. Chr.)
– Wanderprediger und Leitfigur des Christentums –
Aus der Bergpredigt

Den Herzverstand aktivieren (2): Die Übergabe ans Herz

Wenn ein Thema kompliziert geworden ist, unüberschaubar oder unabsehbar und Ihre Gedanken es auch nicht loslassen können, nutzen Sie Ihr Wissen um die Fähigkeiten Ihres Herzens. Geben Sie das Thema von Ihrem Kopf an die Intelligenz Ihres Herzens ab.

Folgende kurze Meditation hilft Ihnen dabei:

- Werden Sie sich kurz der Gedanken bewusst, die gerade in Ihnen zu dem Thema ablaufen. Holen Sie alles vor Ihr inneres Auge, so wie es ohnehin schon die ganze Zeit in Ihrem Kopf arbeitet. All die Probleme. All die Gedanken dazu. Die ganzen Bilder von Situationen und Personen. All die Worte, die ein anderer vielleicht gesprochen hat. Holen Sie noch einmal all die Gefühle dazu ins Bewusstsein, die das Ganze in Ihnen auslöst. Dies alles geht ganz leicht, denn Sie machen nichts anderes, als das, was ohnehin schon die ganze Zeit in Ihrem Kopf abläuft, bewusst zu tun beziehungsweise zuzulassen.
- Wenn Sie alles vor Ihrem inneren Auge haben, stellen Sie sich vor, es wäre eine Art Wolke. Eine Wolke mit allem, was zu diesem Thema gehört, besonders natürlich mit den ungelösten Fragen, Problemen und Gefühlen. Diese Wolke geben Sie innerlich, wie in einem Aufzug, nach unten in Ihr Herz. Wenn Sie möchten, können Sie sich dazu noch sagen: »Ich gebe das Thema in mein Herz und lasse es von dort aus wirken.«
- Das war es. Erinnern Sie sich daran, dass nun alles in Ihrem Herzen und nicht mehr in Ihrem Kopf ist. Sagen Sie Ihrem Herzen, dass Sie nun aufhören, darüber nachzudenken und es der höheren Intelligenz in Ihnen zur Lösung übergeben. Erkennen Sie Ihr Herz noch

einmal als diese höhere Intelligenz an. Vielleicht sagen Sie ihm: »Ich kann es nicht lösen. Mach du es für mich.«

- Nun ist der Auftrag platziert, und Sie selbst brauchen nicht weiter versuchen, etwas über Ihre Gedanken zu lösen, was Sie bislang ohnehin nicht lösen konnten.
- Das Nächste, was kommt, könnte ein Impuls oder eine Erkenntnis sein, aber auch ein neues Verhalten von einer Person oder Ereignisse, die sich scheinbar ohne Ihr Zutun zu verändern beginnen. Der Satz »Ich habe es an mein Herz abgegeben« erinnert Sie auch dann daran, sich nicht wieder im Beeinflussenwollen zu verstricken, sondern die Lösung, die gerade vor Ihnen entsteht, offenherzig zu beobachten.

Wo man seine Kraft hingibt

Je mehr man am Leben liebt,
umso unwichtiger wird, was man nicht liebt.

Die vierte Fähigkeit des Herzens

Das Herz und seine Sprache

Die unsichtbare Kommunikation
aus meiner Mitte

Das Wiedererkennen

Bei manchen Ereignissen scheint es, als würde das Universum wie eine Waage ein großes Leid an einer Stelle durch ein großes Glück an einer anderen Stelle ausgleichen.

Im Alter von 16 Monaten ertrank der kleine Jerry in der Badewanne. Sein Herz bekam der zu diesem Zeitpunkt sieben Monate alte Carter. Carters Körper nahm das Spenderherz gut an, und der Junge wuchs gesund heran.

Eines Tages, Carter war inzwischen fünf, ging er wieder einmal zusammen mit seinen Eltern in die Kirche. An jenem Sonntag saßen auch die Eltern des Herzspenders Jerry in den Reihen, die Carter jedoch nicht kannte. Plötzlich stand der ansonsten auffällig schüchterne Junge auf, ging durch die Bänke direkt auf den Vater seines Herzspenders zu und umarmte ihn mit dem Wort »Daddy«.

Carters Eltern waren davon völlig überrascht und fragten ihn, warum er das getan hatte. Der Junge antwortete: »Ich habe das nicht getan, das war Jerry. Ich bin nur mitgekommen.«

Auch die Eltern des verstorbenen Jerry waren von diesem Ereignis tief berührt und gleichzeitig verwirrt. Die Erwachsenen vereinbarten ein Treffen, und wenige Tage später besuchten Jerrys Eltern Carters Familie in deren Haus. Die Mutter des verstorbenen Jerry berichtete später, dass der ihr eigentlich fremde Carter ihr entgegenlief und zur Begrüßung seine Nase an ihrer rieb. Ein Ritual, das sie mit ihrem verstorbenen Sohn Jerry gemacht hatte. Nun war Jerrys Mutter Ärztin, und als Naturwissenschaftlerin wusste sie, dass man sich viel einreden kann, wenn man es will. Eine Menge Eltern rieben sich mit ihren kleinen Kindern die Nasen. Doch gleichzeitig fühlte und wusste sie einfach, dass ihr Sohn »in Carter« war. Sie und ihr Mann sahen es, wie sie später zu Protokoll gaben, in seinen Augen.

Im Laufe der Begegnung mit Carter fielen Jerrys Mutter noch mehr Details auf, die sie von ihrem eigenen Jungen kannte. Der verstorbene Jerry hatte während seiner wenigen Lebensmonate unter einer leichten Lähmung der linken Körperhälfte gelitten. Der junge Carter zeigte ebenfalls Versteifungen und Zuckungen an seiner linken Körperhälfte. Auf Nachfragen stellte sich heraus, dass er vor der Transplantation keinerlei solche Symptome gehabt hatte. Offenbar hatte sich eine Art Erinnerung der Lähmung auf Carter übertragen.

Jerrys Eltern übernachteten im Haus ihrer Gastgeber. Irgendwann, mitten in der Nacht, stand Carter in ihrem Schlafzimmer und sagte, er wolle bei ihnen schlafen. Er kuschelte sich zwischen die beiden eigentlich fremden Erwachsenen, als wäre dies schon immer so gewesen. Die Situation war so berührend, dass Jerrys Eltern zu weinen begannen. Carter bemerkte es und sagte, sie sollten nicht traurig sein.

Dies alles waren für die angereisten Spendereltern tief bewegende Erlebnisse gewesen. Doch es kam noch deutlicher. Als Carter Jerrys Mutter zum Abschied umarmte, flüsterte er ihr einen Satz ins Ohr, der sie bis ins Mark erschütterte: »Es ist alles okay, Mama.«

Nach diesem Besuch wussten Jerrys Eltern eines vollkommen sicher: Ein Teil ihres Jungen lebte in Carter weiter. Und es war gut.

Wie ein Herz ein anderes erkennt

Im Herzen sitzt die Seele. Und diese Seele sendet und empfängt mithilfe des Herzens. Sie ist im ständigen Kontakt mit der Welt um sie herum, ähnlich wie auch Sie es mit Ihren herkömmlichen

Sinnen sind. Nur nimmt die Seele über das Herz viel mehr wahr. Jerrys Herz, das in Carters Körper wohnte, brauchte keine Augen, um seinen Vater in der Kirche zwischen all den anderen Menschen zu erkennen. Das Herz erkennt Dinge und Menschen über die Ausstrahlung. Ein Herz erkennt ein anderes Herz, ganz gleich, in welchem Körper es gerade steckt, anhand der »Signatur des Herzfeldes«. Unabhängig davon, welche menschliche Form die Seele dieses Mal hat.

Sie haben das vielleicht schon selbst erlebt. Sie treffen jemanden zum ersten Mal, aber er kommt Ihnen von Anfang an vollkommen bekannt vor. Sie haben spontan tiefes Vertrauen, obwohl Sie ihn in diesem Leben ganz sicher noch nie getroffen haben. Es fühlt sich fast so an, als würden zwei alte Freunde genau dort weitermachen, wo sie letzte Woche aufgehört haben.

Zeit spielt für die Seele keine Rolle. Das Aussehen der Körper ebenfalls nicht. Nur Ereignisse zählen und die Chancen darauf, dass sie stattfinden können. Deshalb ist es so gut für den eigenen Weg, wenn man nicht behindert, was sich gerade ausdrücken oder entwickeln möchte. Dass man Bewegung zulässt und immer wieder spontan Dinge tut, selbst dann, wenn der Ausgang nicht gesichert oder absehbar ist.

> »Die Grenzen der Seele wirst du nicht finden,
> auch wenn du alle Wege durchwanderst.
> So tiefen Grund hat sie.«
>
> *Heraklit von Ephesus (etwa 520–460 v. Chr.)*
> *– Griechischer Philosoph –*

Das Herz als Sender und Empfänger

Unser Herz erzeugt also, sogar physikalisch messbar, ein mindestens 30 Meter durchmessendes Magnetfeld, das in jeder Sekunde sowohl anziehend als auch zurückweisend wirkt. Dieses Naturgesetz vernetzt uns alle miteinander. Andere Menschen betreten unser Feld, und wir selbst betreten das Feld anderer.

Wenn Ihre Seele ein bestimmtes Thema neu erleben oder ein begonnenes Thema abschließen will, sendet sie das nach außen. Die Botschaft »Hallo, ich möchte dies erleben!« wird zu einem Teil Ihres Herzfeldes. Durch dieses Feld bewegen sich jeden Tag viele Menschen, die darauf reagieren. Aber nicht jede dieser Seelen will in genau den gleichen Details das erleben, was Ihr Feld gerade ausstrahlt. Damit Sie zusammenfinden, müssen »Angebot« und »Nachfrage« zweier Menschen zueinander passen.

Was wird gerade gebraucht: Ereignisse oder Personen?

Nun gibt es Erlebnisse, die Ihr Herz einfach als Ereignis erleben möchte. Etwa so, wie wenn Sie sich sagen: »Ich möchte jetzt mit jemandem ins Kino gehen.« Sie telefonieren ein wenig herum, und falls der erste Bekannte gerade keine Zeit hat, so wird es eben der zweite oder dritte. Es ist vor allem der Film, der Sie interessiert, und vielleicht würden Sie sogar allein gehen, falls niemand Zeit hat.

Andere Erlebnisse hingegen will Ihre Seele mit einer ganz konkreten anderen Seele erleben. Vergleichbar damit, wenn Sie sagen würden: »Ich möchte so gern diese Reise nach Venedig machen. Aber nicht mit irgendwem, sondern mit meinem Partner, weil es für mich die Stadt der Verliebten ist. Allein macht es mir keinen Spaß.« Das Ereignis Venedig macht nur dann Sinn, wenn die richtige Person mitfährt. Das Ereignis Kino hingegen macht auch dann Sinn, wenn irgendeine andere Person mitkommt.

Ist die Sehnsucht der Seele darauf gerichtet, eine ganz bestimmte andere Seele wiederzufinden, weil nur mit ihr etwas Unterbrochenes zu Ende erlebt werden kann, so würde irgendein »guter Freund« im richtigen Moment die Sehnsucht nicht stillen können. Dann wird das Herz senden: »Ich suche genau diese spezielle andere Seele.« Es ist also kein Fehler, wenn trotz aller guten Freunde das Gefühl bleibt: »Da draußen ist irgendwo jemand, den ich finden möchte. Da wartet noch jemand auf mich.«

Das Herz als Sender an den Verstand

Ihr Herz sendet nicht nur sein elektromagnetisches Feld in die Welt hinaus. Es ist zusätzlich über Nervenbahnen eng mit Ihrem Gehirn vernetzt. Wenn es einen Weg gehen möchte, sendet es Signale an Ihren Verstand, um ihm zu sagen: »Bitte handle so und so.«

Auf welche Weise sich diese Impulse im Gehirn eines Menschen zeigen, ist typabhängig. Im Fall von Claire Sylvia, der Trägerin des Herzens von Tim Lamirande, waren es überaus konkrete Träume, die ihr sogar Namen und Aufträge schickten. Im Fall der Indianer kamen die Anweisungen, sich zu treffen, über Träume, über direkte Eingebungen oder über Zeichen im Außen. Der kleine Carter hingegen folgte in der Kirche, ohne nachzudenken, seinem Herzensimpuls, als er Jerrys Vater wiedererkannte. Andere Menschen empfangen Herzensimpulse als gutes oder schlechtes Gesamtgefühl, als Intuition, als Bauchgefühl oder als spontane Idee. Wie auch immer es sich im Einzelfall äußert, die Quelle dieser höheren Intelligenz ist immer wieder das Herz.

Wenn eine Information aus dem Herzen im Kopf angekommen ist und verstanden wurde, hat sie noch eine Hürde zu überwinden: den Charakter. Die Art und Weise, wie jemand mit solchen Dingen umgeht. Ist er offen für so etwas, oder lehnt er es als Humbug ab? Wird er den Mut haben, den Impuls umzusetzen, oder eher nicht? Ist er überhaupt sensibilisiert für solche Informationen, oder werden sie von seinem Unterbewusstsein schon vorher ausgefiltert? Hat er gelernt, seinen Impulsen zu vertrauen, oder wurde er dazu erzogen, nur der Vernunft zu folgen? Hat er Ängste und lässt zu, dass sie seinen Weg kontrollieren, oder geht er immer wieder durch sie hindurch?

All das bestimmt, wie sehr ein Mensch seinem Herzen folgen kann. Die Impulse trägt jeder in sich, weil jeder ein Herz hat. Doch was er damit macht, hat mit seinem Wissen, seinem Wesen und mit seiner Einstellung zu tun.

Herz und Richtung

Für einen guten Schritt muss man nicht wissen,
wo und was genau das Ziel ist.
Man muss nur wissen, dass man ihn jetzt
in eine bestimmte Richtung gehen soll.

Wie mein Herz die Welt sortiert

Ihr Herz wirkt nicht nur durch Anziehung. Wie ein umgekehrter Magnet hält es durch Abstoßung vieles fern, was nicht zum aktuellen »Weg des Herzens« passt oder was ihn sogar stört. Falls Sie dennoch in einem sehr unpassenden Umfeld sein müssen, fühlen Sie sich davon richtiggehend innerlich abgestoßen, oder Ihr Herz wird spürbar eng.

Auf diese Weise sortiert sich das Leben um einen Menschen herum zunächst einmal wie von selbst und ohne seinen willentlichen Einfluss. Menschen, die seine Wahrheit nicht teilen, werden verschwinden, ganz gleich, ob sein Verstand das will oder nicht. Dafür werden solche kommen, die einer ähnlichen Herzenswahrheit folgen, ganz gleich, ob man sie sich bewusst ausgesucht hat oder nicht. Das Herz wählt selbst aus, wenn man es lässt und die Umstände es zulassen.

Sie kennen diesen Sortiereffekt vielleicht aus Ihrem Bekanntenkreis. Erst treffen sich Paare und Paare. Verliert einer den Partner, wird es schon etwas schwieriger. Dann sucht er sich irgendwann vielleicht auch Singles mit ähnlichem Schicksal. Ist er wieder in einer festen Partnerschaft, sortiert er sich wieder zu anderen Paaren. Bekommt ein Paar Kinder und ein anderes, früher eng mit ihm befreundetes nicht, sortiert es sich oft ebenfalls neu. Kinderlose kommen eher mit Kinderlosen zusammen und Eltern gern mit anderen Eltern.

Es geht dabei nicht allein um das Prinzip der Interessengemeinschaft. Es hat auch mit den Werten im Herzen zu tun. Wenn jemand nicht mehr dieselben Sehnsüchte und Visionen teilt, dann sortiert ihn das Leben neu, hin zu Menschen mit den gleichen Interessen.

»Eine vollkommene Freundschaft gibt es nur zwischen guten und an Rechtschaffenheit gleichstehenden Menschen.«

Aristoteles (384–322 v. Chr.)
– Griechischer Philosoph und Naturwissenschaftler –

Den Herzverstand aktivieren (3): Zwei Herzen verbinden

Für eine langfristig gute Partnerschaft ist es von großer Bedeutung, dass sich die Herzen nicht im Alltag verlieren. Die Verbundenheit der beiden Herzfelder war schließlich der Grund, warum man sich füreinander entschieden hat. Die folgende Übung ist deshalb so wertvoll, weil sie extrem kurz und gleichzeitig sehr wirkungsvoll ist.

Der Herzensblick

- Setzen Sie sich Ihrem Partner gegenüber, einen bis zwei Meter voneinander entfernt. Sie können das auf einem Sofa machen oder am Esstisch oder wo immer Sie gerade sind. Sie müssen keine umständliche Angelegenheit daraus machen.
- Nun schließen Sie beide die Augen. Stellen Sie sich vor, Sie könnten trotz der geschlossenen Augen sehen und blicken dabei auf das Herz Ihres Partners. Oder zumindest in die Richtung seines Brustkorbes.
- Mehr gibt es nicht zu tun. Bleiben Sie eine Minute oder solange es sich richtig anfühlt einfach mit Ihrem inneren Blick auf dem Herzen des anderen. Ihr Partner macht während dieser Zeit dasselbe.

Sie werden sich dabei auf eine Art spüren, wie Sie es vielleicht noch vom Beginn Ihrer Beziehung kennen. Vielleicht haben Sie das sogar noch nie zusammen so gespürt. Verbunden im Herzen, verbunden ohne Worte und ohne Gedanken.

- Manchmal versucht der Verstand mit einem Trick das Ganze zu unterbrechen, zum Beispiel, indem er vor sich hin denkt oder anfangen will zu reden oder irgendetwas tut, damit Sie den Herzensblick aufgeben. Dann sammeln Sie sich einfach wieder und blicken erneut auf das Herz Ihres Partners.

Sie können diesen Herzensblick immer machen, wenn es Ihnen einfällt. Manchen Menschen liegt es, wichtige Dinge fest in den Tag zu integrieren. Falls Sie also abends gemeinsam fernsehen oder etwas anderes tun, wäre es ideal, diese eine »Herzminute« davorzuschalten. Oder Sie machen es kurz vor dem Zubettgehen. Wenn Sie es mit einem Moment verbinden, den Sie ohnehin täglich zusammen erleben, wird es zu einem natürlichen Teil Ihres Alltags.

Die vielleicht wertvollste Minute Ihrer Partnerschaft

Diese Ein-Minuten-Übung ist deshalb so wertvoll und kraftvoll, weil Sie sich damit beide gleichzeitig auf eine höhere Ebene begeben als die der Gedanken, Worte und Handlungen des Alltags. Sie bleiben im Herzen verbunden, zumindest einmal am Tag für eine Minute. Für Ihr Herz genügt diese »Synchronisierung« mit dem anderen vollkommen. Sie wissen ja, dass es 200 000 Mal schneller Informationen austauscht als der Verstand. Ganz nebenbei verschwinden dabei viele Differenzen wie von selbst und ohne dass man lange darüber reden müsste.

Die fünfte Fähigkeit des Herzens

Das Herz und sein Erleben von Glück

Mein Leitfaden
für ein erfülltes Leben

Ein Herz für die Musik

Wenn nichts ohne Ursache geschieht und nichts ohne Quelle existiert, muss es irgendwo einen Ort geben, an dem Schönheit, Kreativität, Kunst und Sinngefühle ihr Zuhause haben. Dinge, die Glück und innere Erfülltheit erschaffen. Und es muss einen Kanal geben, über den sie in diese Welt fließen.

Der 17 jährige farbige Schüler Luke Perrin war gerade auf dem Weg zum Geigenunterricht, als er von einer Kugel aus einem vorbeifahrenden Auto getroffen wurde. Luke lag, seinen Geigenkasten umklammernd, am Boden und starb, ehe ihm jemand helfen konnte. Doch er war als Herzspender eingetragen, und so lebte sein Herz kurz darauf im Körper des 47-jährigen weißen Gießereiarbeiters Roy Farley weiter.

Roy kannte seinen Spender und dessen Leben nicht. Er wusste nur, dass er das Herz eines farbigen Jungen bekommen hatte. Roy hatte kein Problem mit farbigen Mitbürgern, ein Teil seiner Kollegen und besten Bekannten war farbig. Doch nach einer Weile machte ihm das Wissen, dass er nun das Herz eines von ihnen in sich trug, doch ziemlich zu schaffen. Roy fragte sich ständig, inwieweit sich das »farbige Herz« wohl auf seine Persönlichkeit und seine Beziehungen auswirken würde. Er erinnerte sich an alle Vorurteile, die über Farbige kursierten, und fragte sich, ob diese Eigenschaften nun auch auf ihn zuträfen. Roy dachte sogar darüber nach, ob man ihm das Herz nun auch von außen ansehen und ihn deshalb anders behandeln würde. Gleichzeitig bemerkte er, dass er irgendwie ein wenig wie ein Farbiger in die Welt blickte, obwohl das natürlich objektiv gesehen völlig absurd war.

Weil Roy nicht für verrückt gehalten werden wollte, machte er es wie manch andere Herzempfänger, die Veränderungen an sich bemerken: Er schwieg über die seltsamen Gedanken in seinem Kopf und versuchte sie zu verdrängen. Immer wieder sagte er sich, dass es nur haltlose Fantasien waren, herbeigedacht durch das Wissen um die Herkunft seines neuen Herzens.

Roys Frau allerdings bemerkte ganz objektiv eine deutliche Veränderung an ihrem Mann. »Früher«, so berichtete sie, »hat er Klassik verabscheut. Doch seit der Transplantation sitzt er stundenlang zu dieser Musik im Sessel. Und er pfeift ständig klassische Stücke vor sich hin, obwohl er sie gar nicht kennen kann, denn wir haben so etwas zuvor nie gehört.« Roy selbst gab an, dass die Musik ihm einfach wahnsinnig gut gefalle und sein Herz beruhigte.

Diese Veränderung konnte eindeutig nicht durch Einbildung entstanden sein, denn Roy wusste nichts Näheres über das Leben seines Herzspenders, also auch nicht, dass der Junge über eine ausgeprägte musikalische Begabung verfügt und Geige gespielt hatte.

Roys Frau erzählte weiterhin, dass ihr Mann inzwischen viel häufiger farbige Kollegen zu sich einlud und sich in deren Umgebung deutlich entspannter benahm als früher. Auch wenn ihm diese Veränderung selbst nicht bewusst war.

»Ist dir schon einmal aufgefallen,
dass sich Inspiration genau dann einstellt,
wenn du nicht nach ihr suchst?
Sie kommt, wenn alle Erwartungen aufgegeben wurden,
wenn das Geist-Herz still ist.«

Jiddu Krishnamurti (1895–1986)
– Indischer Philosoph, spiritueller Lehrer,
Autor und Weisheitslehrer –

Der Schönheit im Herzen folgen – für ein gutes Leben

Für unser Herz spielt Schönheit eine bedeutende Rolle. Denken Sie nur an die Partnerwahl. Der Mensch, den Sie erwählen, muss für Sie persönlich »schön« sein, und diese Schönheit hat nichts mit Aussehen allein zu tun. Damit Sie ihn lieben können, müssen Sie ihn im Herzen schön finden. Die Art, wie er denkt oder spricht, wie er das Leben handhabt, seine Gestik, Mimik, wie er lächelt und sich bewegt oder wie er die Dinge sieht. In alldem muss eine Form von Schönheit liegen, die Ihr Herz irgendwie berührt.

Denken Sie an die Wirkung, wenn Sie schöne Kleidung tragen. Daran, was mit Ihnen geschieht, wenn Sie ein schönes Bild ansehen. Erinnern Sie sich, was der Ausblick auf eine schöne Landschaft auslöst. Oder schöne Musik. Schönheit macht etwas mit Ihnen, das durch nichts anderes zu ersetzen ist. Sobald sie auftaucht, geht es Ihnen ein Stück besser, wird das Leben ein Stück heller.

Für den Verstand allein ist Schönheit relativ unbedeutend. Er hat sich aus der Aufgabe entwickelt, das Überleben zu sichern und Probleme zu lösen. Schönheit spielt dabei höchstens eine Rolle, wenn sie ein Mittel zur Erreichung eines Ziels ist. Dass der reine Verstand nicht die Quelle für das Schönheitsempfinden sein kann, sehen Sie auch an den vielen technisch perfekten Lösungen, Gebäuden, Geräten und anderen Gegenständen, denen gleichzeitig »das Herz fehlt«, die irgendwie »seelenlos« wirken.

Unser Verstand ist wichtig, um die Dinge zu erschaffen, und unser Herz ist wichtig, um ihnen Leben einzuhauchen. Wenn beides zusammenkommt, entsteht etwas Großes, Berührendes. Etwas, das einen Unterschied macht, in Ihrem eigenen Leben und dem von anderen.

Warum Schönheit für Ihr Leben wichtig ist

Für Ihr Leben ist Schönheit deshalb von Bedeutung, weil Sie nicht glücklich und erfüllt sein können, wenn Sie nirgends um sich herum oder in sich selbst Schönheit finden. Jetzt könnte der Verstand einwenden: So etwas Einfaches, das ist eine Binsenweisheit und nun wirklich nichts Neues. Ist es aber doch, wenn Sie sich klarmachen, was es für Sie persönlich bedeutet.

- Kann eine Beziehung gut sein, wenn keine Schönheit in ihr liegt?
- Kann ein Lebewesen geliebt werden, wenn niemand auch nur irgendeine Form von Schönheit in ihm findet?
- Ist es möglich, das Leben zu lieben, wenn es absolut nichts um einen herum gibt, was man schön findet?
- Kann man sich selbst annehmen, wenn man nichts Schönes an sich entdeckt?

Sie können alle Bereiche Ihres Lebens überprüfen, in denen etwas nicht in Ordnung zu sein scheint, und Sie werden erkennen: Neben all den sachlichen Umständen ist immer auch die Schönheit, die es zu Beginn zustande kommen ließ, verschwunden. Was also ist schön, aus Sicht des Herzens? Und ist das für alle gleich?

Wenn es um Schönheit geht, gibt es zwei Maßstäbe: Ihr persönliches Empfinden und eine Art übergeordnete Schönheit.

Für ein glückliches Herz

Schönheit finden zu können,
ist für ein glückliches, gutes, erfüllendes Leben essenziell.
Schönheit ist eine Herzenssehnsucht.
Ohne sie verhungert die Seele.

Ihr persönliches Empfinden

Wann liegt die Schönheit allein »im Auge des Betrachters«? Wenn zum Beispiel ein Urlaubssouvenir mit einem schönen Erlebnis verknüpft ist, hält der Besitzer diesen Gegenstand für schön, obwohl Freunde vielleicht innerlich den Kopf darüber schütteln. Auch wenn ein Geschenk eigentlich nicht besonders ästhetisch ist, aber die Absicht und die Umstände das Herz berühren, wird der Beschenkte eine Schönheit in dem Gegenstand sehen, wo andere nur an Wegwerfen denken. Oder man kauft auf einem Markt an einem zauberhaften Künstlerstand ein Objekt, weil man es dort wirklich schön findet. Zu Hause, auf dem Sideboard im Wohnzimmer, hat es plötzlich einiges an Zauber verloren, und man fragt sich, was plötzlich anders ist. Nach einigen Monaten oder Jahren fragt man sich vielleicht sogar, wie man so etwas Hässliches und Unnützes früher schön finden konnte. Die Schönheit lag in dem erlebten Moment auf dem Markt und nur zum Teil in dem Objekt. Persönlich empfundene Schönheit gegenüber Gegenständen ist also oft mit Erlebnissen, Erinnerungen, aber auch mit Erziehung und Lernvorgängen verknüpft.

Persönliche Schönheit in Beziehungen

Sie werden als schön empfinden, wen Ihr Herz als schön empfindet. Und Ihr Herz blickt nicht nur mit Ihren körperlichen Augen auf einen anderen Menschen. Ihr Herz spürt das andere Herz, und was es dabei erkennt, ist der Herzensgrund für den Wunsch nach einer Beziehung. Wenn Sie einen anderen nicht im Herzen schön finden, können das Aussehen, das Verhalten oder materielle Dinge das nicht wettmachen. In Beziehungen ist ein großer Teil des Gefühls für die Schönheit des anderen mit seinen Eigenschaften verbunden. Es sind seine Werte, seine Art sich zu verhalten, seine Art mit der Welt umzugehen, die für Ihr Herz die Schönheit ausmachen.

Neben all diesen persönlichen Empfindungen gibt es eine zweite Art von Schönheit. Wir empfinden Sie meist ebenfalls als persönlich, und doch hängt sie nicht von einem zeitweisen Geschmack oder von damit verknüpften Erlebnissen ab.

»Der Mensch sollte alle seine Werke zunächst einmal in seinem Herzen erwägen, bevor er sie ausführt.«

Hildegard von Bingen (1098–1179)
– Benediktinerin, Universalgelehrte, Dichterin, Komponistin, Mystikerin, Kirchenlehrerin, Heilige –

Die übergeordnete Schönheit

Es gibt Gebäude, Skulpturen, Gemälde, Musik, Schriften, Landschaften oder Menschen, die über Jahrtausende hinweg und von Menschen fast aller Kulturen als schön verehrt und geschützt wurden. Wenn alle oder fast alle Menschen etwas sehr ähnlich empfinden, muss es etwas enthalten, das jenseits von persönlichem Geschmack liegt.

Diese Schönheit, die das Herz berührt, wurde viel untersucht. In ihr stecken einige Geheimnisse, um die alle großen Meister wussten. Eines davon liegt in der Verhältnismäßigkeit. Richten sich die Proportionen nach Größenordnungen, die man im Universum, in der unberührten Natur und im menschlichen Körper wiederfindet, wird man das Objekt oder Wesen als wohltuend oder sogar perfekt ansehen.

Der Mensch selbst ist ein Teil der Natur und ihrer Proportionen, und so lag es von Anbeginn der Kunst an nahe, ihn als Maßstab zu nehmen. Kirchen oder Tempel wurden früher mit anderen Maßeinheiten geplant und gebaut als heutige Gebäude. Man verwendete Größenordnungen wie »Elle« und »Fuß«. Diese waren tatsächlich das Ergebnis der Größe eines durchschnittlichen menschlichen Unterarms und eines durchschnittlichen menschlichen Fußes. Alle Handwerker benutzten als Messwerkzeuge Latten und Schnüre mit Markierungen, die ein Vielfaches oder Bruchteile von Fuß und Elle anzeigten. Falls man weiter teilen oder multiplizieren wollte, benutzte man einfache, ebenfalls natürliche und perfekte Größen wie den Kreisradius oder das gleichseitige Dreieck. In einem mittelalterlichen Dom sind also viele Maße auf die eine oder andere Weise ein Vielfaches der Abmessungen und Proportionen des menschlichen Körpers.

Berührtheit als fühlbares Signal des Herzens für perfekte Schönheit

Je wissender und klarer diese »heilige Geometrie«, zu der natürlich noch viel mehr gehört, umgesetzt wurde, umso perfekter, schöner und eben »heiliger« wirkten die Bauwerke. Ein Teil von uns spürt das auch heute noch, ohne dass der Verstand es erklären könnte. Dieser Teil ist das Herz, das in Resonanz mit der Umgebung geht. Es erfasst die vollkommene Harmonie der Dinge zueinander und sendet uns das auch: Plötzlich bekommen wir Gänsehaut, fühlen uns im Herzen berührt, werden innerlich ganz still und staunend oder könnten vor Ergriffenheit weinen. Manchmal kommt sogar ein Gedanke, der es im Klartext formuliert: »Einfach göttlich!« Oder: »Überirdisch schön!«

Mit der Einführung des praktischeren Dezimalsystems wurden die naturnahen, aber rechnerisch unhandlichen Einheiten aufgegeben. In manchen modernen Gebäuden können Sie das Ergebnis davon spüren, indem Sie eben keine Berührtheit erleben, obwohl rein optisch alles perfekt wirkt.

»Der Mensch ist das Modell der Welt.«

Leonardo da Vinci (1452–1519)
– Italienisches Universalgenie, Maler, Bildhauer, Baumeister, Zeichner und Naturforscher –

Das Gedächtnis in unseren Zellen

Die Fähigkeiten des Herzens bieten einen perfekten Leitfaden für ein gutes Leben. Und unser Verstand ist ein perfektes Instrument, um Ziele praktisch auch zu erreichen. Doch gibt es noch andere Quellen von Wissen? Was wirkt noch in uns, treibt uns an oder hält uns ab, ohne dass wir die Herkunft erkennen können?

In einem Laborversuch wurden Mäusen zwei Arten von Futter angeboten. In einem deutlich gekennzeichneten Behälter befand sich besonders gutes und köstlich schmeckendes Futter. Gleichzeitig war der Behälter mit einem Mechanismus verbunden, der einen kleinen unangenehmen Stromschlag erzeugte, sobald die Maus ihn berührte. Der zweite Behälter war anders gekennzeichnet und enthielt weniger hochwertiges Futter, dafür gab es aber auch keinen Stromschlag.

Die Forscher ließen weibliche Mäuse so lange in dem Käfig mit dieser Konstellation leben, bis man ganz sicher sein konnte, dass sich jedes der Tiere gemerkt hatte, welcher Behälter was bedeutete. Anschließend wurden die Mäuse in einen anderen Käfig mit einem ganz normalen, harmlosen Futternapf gesetzt. Man ließ einige Zeit vergehen, gab dann männliche Mäuse mit in den Käfig, und bald darauf kamen Mauskinder zur Welt. Als diese so weit herangewachsen waren, um selbstständig zu essen, setzte man die Kleinen in den Käfig mit den beiden Essensbehältern, in dem früher ihre Mütter gelebt hatten.

Das überraschende Ereignis: Die Mauskinder vermieden von Anfang an den Napf mit dem Stromschlag, obwohl er das attraktivere Futter beinhaltete.

Nach dem bisherigen Stand der Forschung konnte das unmöglich sein, denn die Muttermaus war noch nicht tragend gewesen, als sie die schlechten Erfahrungen mit dem Stromschlagnapf gemacht hatte. Die gesamte Trächtigkeit fand in einer neutralen Umgebung statt. Es gab also ganz sicher keine Möglichkeit, über die die Mauskinder zu dem Wissen über den gefährlichen Napf hätten kommen können.

Wo genau, so fragten sich die Forscher, war der Speicher für die Erfahrungen verborgen, aus dem die Kinder ihr Wissen bezogen? Schließlich entdeckten sie in der DNA der Zellen deutliche Veränderungen, die darauf hinwiesen, dass die Zelle selbst das Wissen um ein bestimmtes Ereignis abspeichert. Und weil Kinder vollständig aus den Zellen ihrer Mütter gebaut sind, verfügen sie auch über das Überlebenswissen, das in deren Zellen eingelagert ist. Logischerweise nannte man diesen Vorgang das »Zellgedächtnis«.

Unser Zellgedächtnis

Für uns als Spezies Mensch und für Sie und Ihr persönliches Leben hat das Wissen um das Zellgedächtnis eine große Bedeutung. Es belegt, wie sehr wir, ob wir es wollen oder nicht, auf bestimmten Lebensgebieten das Produkt aus den Erlebnissen und Erfahrungen unserer Eltern und Großeltern sind. So wie die Kindmaus von Anfang an Angst vor dem gefährlichen Futternapf hat, obwohl sie niemals zuvor ein persönliches Erlebnis dazu hatte, kann auch ein Mensch Angst vor bestimmten Situationen haben, obwohl er in seinem Leben niemals eine persönliche schlechte Erfahrung damit gemacht hat. Scheinbar »unbegründete Ängste« können also durchaus ihren Grund in den Erlebnissen der Vorfahren haben. Ebenso werden ganze Verhaltensmuster, Traumen, aber auch Lösungsmöglichkeiten in den Zellen gespeichert.

Auf diesem Weg können sich zum Beispiel die (traumatischen) Beziehungsthemen der Großeltern oder Eltern am Ende auch in den Kindern wiederholen. Etwas, das Menschen seit

Jahrtausenden mit dem Wort »Familienkarma« bezeichnen, bekommt mit dem Wissen um das Zellgedächtnis eine wissenschaftliche Erklärung zur Seite gestellt.

Der Weg aus den alten Mustern

Wenn man kein Tier, sondern ein Mensch ist, gibt es einen Weg aus allem heraus, was als Muster abläuft. Zunächst natürlich müssen Sie erkennen, was gerade abläuft, sonst können Sie Ihre Aufmerksamkeit nicht darauf richten. Ein Tier kann das nicht, doch mit Ihren Fähigkeiten als Mensch sind Sie dazu in der Lage. Sie verfügen nämlich über einen Schatz mit dem Namen Bewusstheit.

Ein Muster oder eine Erfahrung aus dem Zellgedächtnis hat eine Art eigenen – allerdings niedrig angesiedelten – Willen. Eine der Wahlmöglichkeiten als Mensch liegt darin, sich auf eine höhere Ebene zu begeben. Der einfachste und direkteste Weg hierfür ist die Verbindung mit dem eigenen Herzen. Wenn Sie sich angewöhnen, immer wieder Ihr Herz und damit Ihre Seele nach dem Weg zu fragen, werden Sie zwar einerseits noch immer die alten Zellinformationen in sich spüren, eine alte Angst oder einen alten Gedanken. Andererseits werden Sie jedoch die »im Herzen richtige Antwort« bekommen, die hier und heute den Weg weist, so wie die Seele ihn gehen will. Und damit werden Sie frei von übertragenen Erfahrungen der Ahnen und frei von alten, erlernten Mustern.

Vertrauen wird immer belohnt

Es gibt nichts, absolut gar nichts,
wovor man Angst haben müsste,
wenn man seinem Herzen folgt.

Schönheit als Weg zum Vertrauen in den Herzensweg

So wie Sie spüren, dass etwas »schön« ist, fühlen Sie auch, ob etwas »richtig« ist. Dass es »in Ordnung« ist. Nicht nur die greifbaren Dinge des Lebens können zu einer höheren Ordnung passen oder ihr widersprechen, sondern auch Handlungen und Wahrheiten. Nun ist Ihr Herz direkt mit Ihrer Seele verbunden, und diese wiederum ist ein Tropfen jenes Meeres, das man das Höchste Bewusstsein, Gott oder das Universum nennt. Als dieser Tropfen trägt Ihre Seele auch das Wissen um die Kräfte und die Ordnung des Universums in sich. In dem Moment, wenn Menschen diese große Ordnung verletzen, Ungleichgewichte auf Seelenebene erzeugen oder materielle Dinge ins Ungleichgewicht bringen, fühlt Ihr Herz das. Und exakt diesen Impuls sendet es an Ihren Verstand. Plötzlich denken Sie: »Ich verstehe all die logischen Argumente. Aber es ist trotzdem einfach nicht richtig.«

Es gibt also ein Richtig aus Verstandessicht. Und es gibt ein Richtig aus Herzsicht.

»Das Richtige« für den Verstand

Der Verstand rechnet. Der Verstand vergleicht. Er will sich selbst und die Zukunft absichern. Oft will er mehr, als er braucht, nur damit er ein stärkeres Sicherheitsgefühl erschaffen kann. Oder einfach, damit er in dieser Situation der Gewinner ist. All die bekannten Motivationen des Verstandes können in einem Menschen Gefühle von »das ist richtig« erzeugen. Doch mit seinen 200 000 Mal weniger Informationen kann er eine ganz andere Sichtweise der Dinge haben als das Herz.

»Das Richtige« für das Herz

Es kann sein, dass Sie einem Menschen, einem Partner oder Freund, deutlich und nachweisbar mehr gegeben haben als er Ihnen. Und nun trennen Sie sich, und die Liebe oder das Versprechen einer gemeinsamen Zukunft fällt weg. Jetzt könnten Sie das Gefühl bekommen: »Ich habe etwas zurückzubekommen, nun wo wir uns trennen. Weil ich mehr eingebracht habe.« Es kann aber auch sein, dass etwas in Ihnen sagt: »Wir trennen uns. Ich habe zwar mehr eingebracht, aber irgendwie ist es in Ordnung.«

Warum? Woher dieser Unterschied in den Gefühlen?

Weil die Seele genau weiß, was sie einer anderen Seele schuldet oder von ihr zu bekommen hat. Dabei bezieht sie alle Zeiten mit ein, in denen man jemals zusammen gewesen ist. Wenn aus Seelensicht über alle Leben, die man miteinander zu tun hatte, hier und heute etwas ausgeglichen ist, wird das Herz melden: »Es ist gut so. Alles richtig.« Aus Seelensicht richtig ist es, wenn man am Ende zwanglos ist.

Den Herzverstand aktivieren (4): Eine Vorstellung ins Herz nehmen

Ihr Herz ist direkt mit Ihrem Verstand verbunden. Beide kommunizieren ständig miteinander, sie gleichen sich ab. Diese Tatsache können Sie nutzen, wenn Sie wichtige Fragen haben.

Stellen Sie sich eine Szene in Ihrer Zukunft vor, so wie sie sein könnte, falls Sie sich für etwas entscheiden. Zum Beispiel dafür, dass Sie in zehn Jahren noch in dieser Firma arbeiten. Oder dass Sie in zwanzig Jahren noch mit dieser Person zusammenleben. Oder dass sie eine bestimmte Ausbildung machen und dann in dem Beruf arbeiten.

Nur als Fantasiebild. Gelingt Ihnen diese Vorstellung?

Es kann sein, dass Sie allein bei dem Versuch der Vorstellung abbrechen und sagen: »Nein. Ich kann es nicht mal richtig denken.« Dann haben Sie einen guten Hinweis.

Falls es Ihnen gelingt, ein Bild zu erzeugen, schicken Sie dieses Bild vom Kopf hinunter ins Herz. Als könnten Sie es mit einer unsichtbaren Hand vorsichtig umschließen und nach unten schieben. Wie fühlt sich das Herz an, wenn das Bild in ihm ist? Wird es traurig? Eng? Trostlos? Das wäre ein Hinweis, dass dieses Bild nicht mit der Zukunft übereinstimmt, die für Ihr Herz richtig ist. Oder wird es freudig? Kommt das wissende Gefühl auf, dass es »gut ist«? Oder ist es einfach friedlich? Das wäre die Antwort, weiter dranzubleiben.

Sich eine Szene möglichst gut vorzustellen, sie dann ins Herz zu nehmen und zu fühlen, was sie dort auslöst, ist vor allem für Menschen mit bildlicher Vorstellungskraft und feinem Selbstgespür eine wertvolle Methode der Herzbefragung.

Im Herzen überlebt das Menschliche

Was im Gehirn gespeichert wurde, wird sterben.
Was im Herzen gespeichert wurde, wird weiterleben.
In den Herzen der Menschen überleben die Schönheit, die Wahrheit, die Visionen.
Und so gestalten die Herzen über die Grenzen der Zeit hinweg immer wieder ihre ganz eigene Welt.

Die sechste Fähigkeit des Herzens

Das Herz und seine Liebe

Meine Quelle der Verbundenheit

Pauls Liebe zur Gitarre

Manche zunächst ungewöhnlichen Tatsachen kann man erst dann wirklich in sein Weltbild integrieren, wenn ein so klarer Fall auftritt, dass die Zweifel keine Argumente mehr finden.

Danny, ein 18-jähriges Mädchen, litt seit Langem unter Endokarditis. Die Herzschwäche schritt immer weiter fort und machte eine Transplantation unvermeidbar. Nach langer Wartezeit wurde endlich als passendes Herz das eines gerade verunfallten jungen Mannes, Paul, gefunden.

Paul hatte bereits mit zwölf im Schulunterricht von der Möglichkeit erfahren, Organspender zu werden. Das Thema war für ihn sofort klar gewesen, und kurz darauf hatte er sich registrieren lassen. So ermöglichte sein Herz einige Jahre später der jungen Danny das Weiterleben.

Pauls Vater, ein Psychiater, berichtete, dass sein Sohn auffällig musisch veranlagt war. Beim Aufräumen seines Zimmers entdeckten die Eltern, dass er heimlich Gedichte geschrieben hatte und in einem davon sogar seinen eigenen Tod vorhersah. Paul spielte auch Gitarre und komponierte selbst Songs. Einer davon hieß »Danny, my Heart is Yours«. Darin besang er, dass er glaube, sein Schicksal wäre es, zu sterben und einem Mädchen namens Danny sein Herz zu schenken.

Nach der Transplantation besuchte Danny die Eltern von Paul. Als sie Fotos von ihm sah, erkannte sie ihn sofort wieder. Ihr gesamtes gefühltes Erleben sagte ihr, dass sie ihn schon lange kannte. Pauls Eltern spielten ihr auch einige Aufnahmen von seinen Songs vor, und Danny konnte die angefangenen Sätze darin zu Ende singen, als hätte sie selbst sie geschrieben.

Früher hatte sich Danny als unmusikalisch empfunden, doch seit sie Pauls Herz in sich trug, hatte sie begonnen, Gitarre zu spielen. Sie liebte diese Musik und sagte ihren Eltern, sie müsse es einfach tun, weil ihr Herz weiterhin Lieder produzieren wolle.

Herzensgeheimnisse

Ereignisse wie diese zeigen zwei Dinge besonders deutlich:

- Das Herz speichert vor allem die künstlerischen und kreativen Neigungen, Sehnsüchte und Erfahrungen eines Menschen, weil es selbst die Quelle dafür ist. Deshalb übertragen sich genau diese Merkmale bei einer Transplantation besonders deutlich auf den Empfänger des Herzens.
- Paul hatte vorhergesehen Danny sein Herz zu spenden, ohne ihr jemals begegnet zu sein. Das ist nur möglich, wenn auf Seelenebene ein Versprechen besteht. Weil sich die Seele in Kunst und Musik ohne Umwege ausdrücken kann, fanden sich die Hinweise in Pauls Liedern und Gedichten.

Das Herz verbindet. Aber wie?

Stellen Sie sich vor, ein guter Freund oder eine Freundin hätte Ihnen in einer Notsituation wirklich geholfen. Zum Dank haben Sie fest versprochen, ihm oder ihr auch einmal zu helfen, wenn es so weit wäre. Es vergeht einige Zeit, und inzwischen lernen Sie jemanden kennen, verlieben sich und buchen einen Kurzurlaub nach Paris. Diesem neuen Menschen in Ihrem Leben versprechen Sie, ganz für ihn da zu sein. Doch genau an diesem Wochenende der Reise hat Ihr Freund oder Ihre Freundin einen Unfall, ruft aus dem Krankenhaus an und bittet Sie zu kommen. Was machen Sie?

Das sind keine theoretischen Fragen, es ist das Leben, so wie es passieren kann. Die großen Philosophen und spirituellen Lehrer stellten solche ganz praktischen Fragen schon vor Tausenden Jahren. Was ist das Richtige? Welches Versprechen wiegt mehr? Welches hält man ein und welches muss man brechen? Welches Opfer muss man bringen, weil es nur so für einen stimmt?

Selbst wenn Ihr Herz viel lieber nach Paris fahren würde, weiß es, dass nun die Zeit gekommen ist, die Schuld auszugleichen und ins Krankenhaus zu fahren. Für manche mag das vielleicht unverständlich sein, sie würden einfach dennoch Paris wählen, um die frische Beziehung nicht zu riskieren. Doch wenn Sie mit Ihrem Herzen verbunden leben, werden Sie den Auftrag spüren, ein Vergnügen oder ein Ziel loszulassen und dafür eine Herzenspflicht einzuhalten. Im Moment mag das nicht leichtfallen, doch nachdem Sie es getan haben, werden Sie sich leichter fühlen. Und nicht nur das, Sie werden auch stärker sein. Weil es sich stark anfühlt, dem Herzen gefolgt zu sein.

Das Gefühl von Recht und Unrecht im Herzen

Das Gewissen sitzt im Herzen.
Es ist das Wissen der Seele um die Wahrheit.

Herzensversprechen wirken von Seele zu Seele

Was Ihnen in diesem Leben widerfährt, passiert auch Ihrer Seele über mehrere Leben hinweg. Da ist ein Versprechen von früher, und nun steht einem der andere gegenüber. An den Wortlaut des Versprechens kann man sich nicht erinnern. An die Situation auch nicht, denn der Verstand weiß nur von diesem Leben. Aber das Herz erinnert sich und sendet ans Gehirn: »Du musst das einhalten. Jetzt.« Selbst wenn der Verstand hundert Argumente hat und alles am liebsten ganz anders machen würde, ist das Herz vielleicht nicht frei es zu tun. Es hat ein Versprechen einzulösen, und jetzt ist der Moment dafür gekommen. So kommen diese unerklärlichen Gefühle zustande, etwas einfach tun zu müssen.

Nun gibt es bei »Versprechen« für viele Menschen sehr unterschiedliche Qualitäten. Sie können aus dem Moment heraus nur so dahingesagt sein, sie können unter bestimmten Umständen erfolgen oder einfach nicht ernst gemeint sein. Sie können der eigenen Sicherheit dienen, abgenötigt oder nur gemacht worden sein, um einen anderen an sich zu binden. Versprechen können vorgetäuscht sein, unter falscher Annahme gegeben, sie können nur der Beschwichtigung dienen oder ein Werkzeug sein, um Ziele zu erreichen. Sogar rechtlich verbürgte Versprechen sind angreifbar oder Auslegungssache. Der größte Teil aller Versprechen ist, so zeigt das Leben, eine ziemlich unzuverlässige und vergängliche Angelegenheit.

Nur ein Versprechen ist absolut: das Herzensversprechen. Wenn ein Mensch einem anderen etwas »aus tiefstem Herzen« versprochen hat, ist es keine Verstandesvereinbarung. Es löst sich nicht auf, nur weil es sich derjenige irgendwann anders überlegt oder sich die Umstände ändern. Aus tiefstem Herzen ist es ein

Seelenversprechen und überdauert damit – bis es eingelöst wird – das Leben, in dem es gegeben wurde. Es besteht, bis es erfüllt oder beiderseits aufgelöst wurde.

Sich genau zu überlegen, was man einem anderen aus tiefstem Herzen verspricht, ist also eine gute Idee. Gerade Versprechen, die Wörter wie »immer«, »ewig« und »unter allen Umständen« enthalten, darf man genau prüfen. Kann man sich sicher sein, dass man das möchte, selbst wenn die Welt in einem Jahr komplett anders aussieht? Kann man sicher sein, dass das Leben es einem auch möglich machen wird, das Versprechen garantiert einzuhalten?

Herzensversprechen aus anderen Leben können starke Verbundenheitsgefühle auslösen. Selbst dann, wenn sich gerade nur einer von beiden daran erinnert, weil er sein Herz gut fühlen kann, und der andere sich kaum erinnert, weil keine Zeit oder Bewusstheit dafür vorhanden ist. Oder weil sein Lebensplan in diesem Leben keinen Raum für das Einlösen des Seelenversprechens lässt.

Aus Seelensicht ist das kein größeres Problem, denn wenn nicht in diesem Leben, dann eben in einem nächsten. Aus Verstandessicht hingegen kann es ein enormes Problem werden, weil man diese tiefe überdauernde Verbundenheit spürt. Wenn man dann selbst bereit wäre, alles danach auszurichten, aber der andere nicht mitmacht, können einem die Gefühle richtiggehend »das Herz zerreißen«. Man versteht einfach nicht, warum der andere die Verbundenheit nicht spürt.

So schlimm sich das für den Betroffenen auch anfühlt, ist es dennoch kein Fehler im System der Seelen und auch kein Fehler in diesem Leben. Das Universum macht keine Fehler. Ein unfreies Herz an Ihrer Seite wird weder Sie noch den anderen glücklich machen. Also muss der andere vielleicht noch eine Weile oder sogar dieses Leben lang einem anderen Versprechen oder einer anderen Verantwortung nachkommen. Aus Seelensicht erschafft jedoch genau dieses Opfer auf anderer Ebene die lang ersehnte Freiheit.

Auch wenn sich jemand zugunsten eines anderen opfert, wie im Fall von Paul, der Danny physisch sein Herz spendete, kann dies ein freiwilliges Geschenk aus Liebe sein. Oder ein Ausgleich, weil es andersherum schon einmal ähnlich war.

Ein roter Tropfen aus Bewusstsein

Das Herz und das Blut sind nicht nur in der klassischen Medizin oder in der Poesie untrennbar miteinander verbunden. Bei einem Versuch der INSCOM (Intelligence and Security Command der US-Army) wurden Probanden weiße Blutzellen (Leukozyten) entnommen und in ein Reagenzglas gefüllt. In den Zellbrei steckte man eine hochsensible Sonde, die wiederum an einen Lügendetektor (EEG) angeschlossen war.

Dann wurde der jeweilige Blutspender einige Räume weiter geführt, ebenfalls an ein EEG angeschlossen und bekam die Aufgabe, Videos anzusehen, die starke Emotionen hervorriefen. Das Überraschende: Der Detektor zeichnete nicht nur beim Versuchsteilnehmer »erhöhte Erregungszustände« auf, sondern zeitgleich auch bei seinen Blutzellen im weit entfernten Reagenzglas. Weitere Tests ergaben, dass die synchrone Wirkung bis in eine Entfernung von 75 Metern zwischen Spender und Zellen unvermindert anhielt – und das selbst noch zwei Tage nach der Blutentnahme. Das Blut blieb irgendwie mit seinem Spender verbunden, fast als würden sich die Zellen weiterhin daran erinnern, woher sie gekommen waren.

»Die Seele des Fleisches liegt im Blut.«

Bibel, 3. Buch Mose 17,11

Unser Bewusstsein steckt in jeder Zelle

Versuche wie der beschriebene zeigen, dass unser Bewusstsein bei Weitem nicht auf unser Gehirn und unsere Gedanken beschränkt ist. Was wir denken und fühlen, zirkuliert durch unseren gesamten Körper. Unser Bewusstsein, unsere innere Haltung umspülen mit jedem Schlag jede Zelle unseres Körpers. Schon allein deshalb hat eine liebevolle Einstellung dem eigenen Körper gegenüber so positive Auswirkungen. Und deshalb ist es auch nicht egal, wie und was man über die Welt oder andere Menschen denkt. Denn all dies erreicht auch jeden Ort in uns selbst.

»Sind Sie im Herzen, dann wissen Sie,
dass das Herz weder Zentrum noch Umfeld ist.
Es gibt nichts getrennt von ihm.«

Ramana Maharshi (1879 1950)
– Indischer Heiliger und erleuchteter Weisheitslehrer –

Wie und wo die Liebe entsteht

Über kaum ein Thema haben die Menschen so viel nachgedacht und geschrieben wie über die Liebe. Auffällig ist, dass dabei sehr oft das Herz auftaucht und dass es hierbei einiges an Verwirrung gibt. Vieles vom Leid zum Thema Liebe hat damit zu tun, dass der Verstand das eine will und das Herz das andere. Oder dass der Verstand bestimmte Ereignisse, Reaktionen oder gar den eigenen Zustand nicht verstehen kann. Deshalb ist es für die Harmonisierung von Herz und Verstand wertvoll, wenn man sich an die zwei Arten von Liebe erinnert.

Es gibt die Liebe als den Zustand, *mit einem Menschen* verbunden zu sein. Und es gibt Liebe als den Zustand, *mit allem* verbunden zu sein. Nach beidem kann man sich sehnen. Doch wenn man das eine mit dem anderen verwechselt, entstehen – einfach gesagt – Probleme. Denn falls sich Ihr Herz gerade nach der Verbundenheit »mit allem« sehnt und Ihr Verstand deutet diese Sehnsucht auf eine Person um, so entsteht in der Beziehung zu dieser Person ein unerfüllbarer Erwartungsdruck. Dann fordert man stillschweigend etwas, das der andere niemals geben kann, weil er es ganz einfach nicht hat. Plakativ ausgedrückt kann Ihr Partner niemals Ihre Sehnsucht nach dem Einssein mit dem Universum erfüllen.

Wenn beide um diesen Unterschied wissen, kommt oft eine große Entspannung in die Beziehung.

Liebe ist Verbundenheit

Wenn Sie »einen Menschen« von Herzen lieben, erkennt Ihre Seele ihn vielleicht gerade als Teil eines bereits langen Seelenlebens wieder und erzeugt Signale, die über das Herz zu spürbaren Impulsen in Ihrem Körper werden. Wenn Sie hingegen die »Verbundenheit mit allem erleben«, ist ebenfalls Ihr Herz die Schaltstelle, denn es steht sowohl mit dem Verstand als auch mit der Seele und mit den Ebenen, auf denen die Seele existiert, in Verbindung.

Ganz gleich also, ob es um die Liebe zu einem Menschen oder um die Liebe als spirituellem Zustand der Einheit mit dem Universum geht – in beiden Fällen ist das Herz Quelle und Schaltstelle. Wenn es Verbundenheit spürt, erleben Sie als Mensch Liebe.

Den Herzverstand aktivieren (5): Sich über einen Beziehungsstatus klarer werden

Angenommen, Sie haben gerade eine schwierige Beziehungssituation. Dann wäre eine der wichtigsten Fragen, ehe man in Details geht: »Will ich überhaupt grundsätzlich mit diesem Menschen zusammen sein? Habe ich ein Ja in meinem Kopf? Spüre ich ein Ja in meinem Herzen?«

Wenn Sie ein Ja im Herzen haben, aber Unsicherheit im Kopf, können Sie an der Situation arbeiten und dabei wachsen. Wenn Sie hingegen im Herzen ein Nein spüren, ganz gleich, was die Gedanken im Moment noch denken mögen, geht es gar nicht um eine einzelne Situation, sondern um etwas ganz Grundsätzliches.

Nun denkt der Verstand in Problemsituationen viel nach, hat es aber wirklich schwer mit den ganzen Gefühlen, Bindungskräften, Prägungen und Mustern, mit den Befürchtungen, Erlebnissen, der Erziehung und so weiter. Man kann mit dem Verstand allein ganz oft nicht herausfinden, was in einer Beziehungssituation richtig ist.

Daher: Binden Sie die Intelligenz und das Wissen Ihres Herzens mit ein, und fragen Sie sich ganz direkt: »Will ich im Herzen noch mit diesem Menschen zusammen sein?« Wenn Sie hier ein Ja spüren, haben Sie einen wertvollen Hinweis für Ihren nächsten guten Schritt. Dann können Sie an den Details arbeiten und wissen, dass es Sinn macht.

Die siebte Fähigkeit des Herzens

Das Herz und die Heilung

Mein Weg in eine befreite Zukunft

Das Herz als Heiler

Zusätzlich zu den vielen wissenschaftlich neu erforschten Tatsachen verfügt unser Herz über noch mehr Fähigkeiten. Eine davon ist die Heilung innerer Verletzungen und Traumen. Nun gibt es über »Herzheilung«, »Heilung des Herzens« oder »Heilung mit dem Herzen« unzählige Bücher und Kurse. Es existieren hier viele kulturell unterschiedliche Lehren und Verfahren. Doch manchmal genügt einem der zentrale Schlüssel, die Beschreibung des reinen Vorgangs, frei von allen Mänteln, und man hat etwas Kostbares gefunden. Etwas, das für den Rest des Lebens funktioniert. Eine solche Essenz ist das Folgende.

Eine Verletzung und die Folgen

Für gewöhnlich denkt ein Mensch mit einer emotionalen Verletzung über diese schmerzende Stelle nach. Wenn es eine deutliche oder gar traumatische Wunde ist, wird er sie in seinem Herzen spüren. Nun denkt der Verstand: »Mein Herz ist so verletzt, was soll ich nur tun?«

Weil sich größere Verletzungen durch Nachdenken meist nicht auflösen, kommt der Verstand zu zwei möglichen Lösungen: Verdrängen und Wegsperren. Oder: in Zukunft besonders aufpassen und potenzielle Gefahrenquellen vermeiden.

In beiden Fällen bleibt die Verletzung weiterhin im System der Gedanken und Zellen gespeichert. Sobald eine ähnliche Situation kommt – Sie erinnern sich an die Mäuse und den Futternapf mit dem Stromschlag –, aktivieren sich das Zellgedächtnis und das Unterbewusstsein, und beide rufen: »Nicht anfassen. Nicht zulassen! Gefährlich!« Also vermeidet ein Teil die Situation, ein anderer Teil ist aber genau über diesen Vermeidungszwang traurig.

Nun hat der ungeschulte Verstand nicht alles Wissen über die Eigenschaften des Herzens und denkt für gewöhnlich: »Wenn mir etwas an der Hand wehgetan hat, muss ich künftig meine Hand schützen. Und wenn mir etwas im Herzen wehgetan hat, muss ich künftig mein Herz schützen.« Das klingt erst einmal logisch, doch unser Herz ist kein Organ oder Körperteil wie alle anderen. Es ist eine eigene Intelligenz mit einer Reihe von außergewöhnlichen Eigenschaften. Eine davon ist die Fähigkeit, sich selbst zu reparieren.

Die Heilung

Eine emotionale Verletzung ist eine gespeicherte Information, die »zu Ende verarbeitet« werden will. Und unser Herz erlebt und verarbeitet Informationen wie bereits gesagt 200 000 Mal schneller als der Verstand. Es hat die Fähigkeit, innere Verletzungen in extremer Geschwindigkeit zu durchleben und so letztlich zu heilen. Wofür unser Verstand vielleicht 20 Jahre bräuchte und immer noch nicht fertig wäre, das kann unser Herz in einer überschaubaren Zahl intensiver Augenblicke lösen, sofern man es zulässt und es bewusst aktiviert. Wenn die Verletzung sehr tief ist oder unerreichbar vergraben liegt, hilft oft eine wissende und stabilisierende Begleitung durch ein Gegenüber, doch der Vorgang an sich bleibt derselbe. Der Weg jeder inneren Heilung führt am Ende immer durch das Herz.

Der Weg

Als Erstes können Sie erkennen und die Tatsache annehmen, dass ein Schutz des Herzens das Herz nicht heilen wird. Dann können Sie sich erinnern, dass Ihr Herz sich selbst heilen kann, wenn Sie ein Ja zur Verarbeitung der Informationen – also der gespeicherten Verletzungen – geben.

Wenn die nächste Gefühlssituation aufkommt und Sie das, was spürbar wird, nicht mehr zurückweisen, werden die Gefühle stärker werden. Der übliche Reflex des Verstandes wäre jetzt: verschließen. Das, was hochkommt, zurückdrängen. Sich nur nicht davon überwältigen lassen.

Aber nun setzen Sie die Fähigkeiten Ihres Herzens für Heilung ein und machen genau das Gegenteil des alten Reflexes: Sie schicken die Verletzung mit all den Gefühlen und alten Geschichten in Ihr Herz. Vielleicht stellen Sie sich zwei weiche unsichtbare Hände in sich vor, die das einzelne Gefühl oder die gesamte Situation ins Herz schieben und dort belassen. Sagen Sie in Gedanken: »Ja, kommt nur hoch, ihr alle. Ich fühle euch, ihr dürft da sein. Ich nehme euch alle ins Herz.«

Das Erlebnis

Wenn Sie eine Verletzung in Ihr Herz nehmen und das Herz dabei öffnen, fühlt es sich deshalb so intensiv an, weil die Verarbeitungsgeschwindigkeit so hoch ist. Es tut nicht weh, weil es gerade das Herz zerstört, es tut weh, weil es so rasend schnell heilt. Wenn Sie ein Thema, sobald es in Ihnen aufkommt, in Ihr Herz geben, ersparen Sie sich vielleicht Jahre oder Jahrzehnte des üblichen Weges und so manche Wiederholungsschleife durch das Leben. Der Preis für diese deutlich schnellere Befreiung von einem Trauma ist die Verarbeitungswelle, die Sie im Herzen durchlaufen. Es kann sehr gut sein, dass Sie viele solche Wellen erleben, vielleicht zehn oder 20 oder mehr. Aber jedes Mal, wenn Sie es zulassen und willentlich unterstützen, wird es weniger dramatisch. Und am Ende klingt es völlig aus, und Sie sind frei.

Das Ergebnis

Bei dieser heilsamen Herzarbeit werden Sie ein absolut wunderbares Erlebnis haben: Was immer Sie auch fühlen mögen, Sie überleben es. Es geht Ihnen hinterher sogar besser, und Sie fühlen sich jedes Mal ein Stück leichter. Sie brauchen künftig keine Angst vor den alten inneren Verletzungen mehr zu haben, Sie brauchen nur ein Ja zu geben, sie ins Herz zu nehmen und dort zu belassen, bis die Welle verarbeitet ist. Die ersten Male müssen Sie etwas Vertrauen aufbringen, aber bald darauf wird es sich umdrehen, und das Vertrauen wird Sie von selbst erfüllen.

Zu Ende erleben für den guten Neubeginn

Falls man die Tränen nicht weinen will,
die das Herz gerade fühlt,
wird es so lange neue Möglichkeiten erschaffen,
bis man es getan hat.
Und danach ist man frei.

Das Wissen um die Seele

Wenn Sie sich an die Geschichte von Claire Sylvia erinnern, die nach ihrer Herztransplantation plötzlich Lust auf Dinge verspürte, die sie nie zuvor gemocht hatte, oder an den kleinen Carter, dessen Herz den Vater von Jerry in der Kirche wiedererkannte, oder wenn Sie an das Herz des farbigen Jungen Luke Perrin denken, dessen Liebe zu klassischer Musik im Körper des Gießereiarbeiters Roy Farley weiterlebte, dann können Sie vielleicht nicht umhin, das Herz als etwas zu begreifen, in dem unser Menschsein in seiner schönsten und reinsten Form lebt. Und nicht nur das, diese wundersame Intelligenz, die Liebe, Schönheit und Visionen in unser aller Leben bringt, lebt selbst dann weiter, wenn eines Tages auch das physische Organ Herz stirbt. Das ist ihr deshalb möglich, weil sie nicht einfach nur aus Zellen und Nerven besteht, auch wenn sie diese als Werkzeuge nutzt, um durch unseren Körper hindurch in unser Leben hineinzuwirken.

Das wirklich große Geheimnis, das hinter alldem steht, ist jene Form von höchstem Bewusstsein, die man seit jeher »Seele« nennt. Addieren wir sie zu allem erforschten und gemessenen Wissen in unser Bild vom Menschsein, dann wird es vollkommen. Dann wird auf einmal alles schlüssig, was zuvor wie ein Wunder oder Zufall wirkte. Dann bräuchte es nicht einmal unbedingt die Religionen, um zu verstehen, warum viele Dinge im Leben so sind, wie sie sind.

Plötzlich verstehen wir, warum Menschen so unterschiedliche Begabungen, Neigungen, Sehnsüchte und Fähigkeiten mit ins Leben bringen, selbst dann, wenn es nicht in der Familie liegt. Vieles davon wird über die Seele mit ins Herz gebracht, und von dort aus wirkt es, solange das Herz es ausstrahlt.

Mit dem Wissen um die Seele im Herzen kommt auch Logik in die Tatsache, dass ein Herz tatsächlich und messbar wie ein Magnet auf andere Herzen wirkt. Weil auf diese Weise eine Seele eine andere sucht und findet. Weil sich genau so jene wiederfinden, die sich schon seit vielen Leben kennen. Seelen, die Dinge begonnen haben und sie nun fortführen möchten. Seelen, die sich Herzensversprechen gegeben haben und sie nun einhalten möchten.

All dies kommt zu dem aktuell erforschten Wissen mit hinzu. Vielleicht ist die Seele selbst heute noch nicht mit gemeinhin anerkannten Methoden messbar, doch das waren all die besonderen Eigenschaften des Herzens, die wir uns bis hierher angesehen haben, vor wenigen Jahren auch noch nicht.

»Panta rhei – alles fließt.«

Heraklit von Ephesus (etwa 520–460 v. Chr.)
– Griechischer Philosoph –

Den Fokus neu ausrichten

»Man kann unmöglich zweimal in denselben Fluss steigen«, sagte der griechische Philosoph Heraklit. Weil das Wasser von vorhin nicht mehr das Wasser von jetzt ist. Alles verändert sich ständig, gebiert sich selbst immer wieder neu. Auch das Wissen.

Wir erleben gerade eine wirklich wundervolle Zeit. Lange galt es einzig als wissenschaftlich, die Dinge möglichst sauber voneinander zu trennen, um sie dann isoliert bis ins Kleinste zu erforschen. Aktuell beginnen immer mehr Forscher damit, die zerlegten Teile wieder zu verbinden und das Wissen um die großen Zusammenhänge des Menschseins zu einem widerspruchslosen Bild zu vereinen.

Dass Wahrheit und Weisheit im Herzen liegen, ist jetzt nicht mehr nur ein Sprichwort oder ein religiöses Wissen. Es wird nach fast zwei Jahrtausenden wieder zu einem Teil der Naturwissenschaften.

Sollte nun das Herz wirklich der Zugang zur höchsten Weisheit im Leben eines Menschen sein, dann müsste man durch es auch die höchsten Fragen des Lebens beantwortet bekommen. Auch die nach dem Sinn des eigenen Daseins. Darin liegt ein weiterer Aspekt der ganzheitlichen, allumfassenden Heilung. Sehen wir ihn uns an.

Die achte Fähigkeit des Herzens

Das Herz und der Sinn des Lebens

Die Antwort auf meine größten Fragen

Wo ist die Antwort auf die Sinnfrage?

»Wozu bin ich eigentlich hier? Wo ist mein Platz in dieser Welt? Was ist meine Aufgabe im Leben?« Besonders, wenn einem das Leben gerade schwer verstehbare, belastende Situationen liefert oder wenn etwas wegfällt, was bislang Sinn gespendet hat, umkreisen die Gedanken manchmal bis zur Verzweiflung diese Fragen. Dann entscheidet die Antwort, die man zum Sinn der Ereignisse und des eigenen Daseins findet, über Glück oder Unglück.

Falls Ihnen das auch schon so gegangen ist oder das Thema Sie gerade bewegt, haben Sie vielleicht Lust, Elaine Dunnet auf ihrem beispielhaften Erkenntnisweg zu begleiten und dabei einem großen Geheimnis auf die Spur zu kommen.

Elaine und die Sinnfrage (1): Das Ergebnis einer Suche

Elaine Dunnet erlebte sich seit einigen Jahren auf einer inneren Suche, zu Beginn, ohne dies genau benennen zu können. Ihr ehemaliger Mann lebte inzwischen mit einer neuen Partnerin zusammen, die gemeinsame Tochter studierte am anderen Ende des Landes. Elaines Beruf in der Auftragsabwicklung bei einem Immobilienmakler war Routine geworden, und ein Partner für eine gemeinsame Zukunft war nicht wirklich in Sicht. Mit Mitte vierzig auf ihr Leben zurückblickend stand Elaine vor einem etwas zwiespältigen Ergebnis, von dem sie nur eines relativ sicher sagen konnte: Wirklich angekom-

men und glücklich mit ihrem Leben fühlte sie sich nicht. Da war das deutliche Gefühl, dass etwas fehlte, und die Frage, ob das alles gewesen sein sollte.

Was genau sucht man, wenn man nicht weiß, was man sucht? Immerhin glaubte Elaine, inzwischen wenigstens eine Klarheit gefunden zu haben: Worum es offensichtlich ging, war, den weiteren Sinn ihres Lebens zu finden. Und weil jede klare Ausrichtung passende Ereignisse und Informationen ins Leben zieht, begegneten ihr im Laufe der Zeit viele Antworten, die sich weise und richtig anhörten: Liebe ist der Sinn. Und Glück natürlich. Einfach im Moment zu leben ist der Sinn. Genießen ist der Sinn. Der Weg ist das Ziel. Das Jetzt ist das Ziel. Wünsche wahr werden lassen ist der Sinn. Von Wünschen frei zu werden ist der Sinn. Antworten zu finden ist der Sinn. Aufhören zu fragen ist der Sinn. Spiritualität ist der Sinn … Und so weiter.

Obwohl sie in allem etwas Wahres entdeckte, beendete nichts davon ihren ruhelosen suchenden Zustand wirklich. Für Elaine waren es schöne Worte, doch sie brachten keine dauerhafte innere Erlösung. Wo lag das Problem?

»Welches ist der Sinn unseres Lebens, welches der Sinn des Lebens aller Lebewesen überhaupt?
Eine Antwort auf diese Frage wissen heißt religiös sein.

Du fragst: Hat es denn überhaupt einen Sinn, diese Frage zu stellen?

Ich antworte: Wer sein eigenes Leben und das seiner Mitmenschen als sinnlos empfindet, der ist nicht nur unglücklich, sondern auch kaum lebensfähig.«

Albert Einstein (1879–1955)
– Physiker, Visionär und Philosoph –

Elaine und die Sinnfrage (2): Aarons Welt

Eines Tages saß Elaine gerade in ihrem Lieblingscafé gegenüber dem Stadtpark, als Aaron Stimson, ein Freund aus Studienzeiten, eintrat. Er trug inzwischen einen Bart und hatte weniger Haare als früher, doch noch immer blitzten dieselben blauen Augen aus dem sonnengebräunten Gesicht, so wie damals, als er lieber gesurft als für den Unterricht gelernt hatte. Die beiden hatten sich über zwanzig Jahre nicht gesehen, und so kam das Gespräch schnell darauf, wie es dem anderen inzwischen ergangen war.

Elaine erzählte, dass sie fertig studiert, geheiratet und eine Tochter bekommen hatte und mittlerweile wieder geschieden war. Sie berichtete, dass ihre Tochter heute bei ihrem Vater lebte und selbst ein Studium begonnen hatte und dass Elaine im Moment allein wohnte. Aaron hingegen hatte nie geheiratet, war zunächst ein Weltenbummler und Gelegenheitsarbeiter auf der Suche nach sich selbst gewesen. Inzwischen jedoch arbeitete er als Entwicklungsleiter bei einem Elektronikkonzern. Die beiden erzählten sich im Wechsel von ihren Höhen und Tiefen und von den Erfahrungen, die sie dabei gemacht hatten. Irgendwann erwähnte Elaine, dass sie auf eine Art frustriert war.

»Meine Tochter ist groß«, sagte sie. »Und ich weiß nicht so recht, was das Leben noch von mir will.«

Aaron fiel die ungewöhnliche Formulierung auf. »Und was willst du noch vom Leben?«, fragte er deshalb.

»Genau das weiß ich eben nicht. Ich möchte wissen, wozu ich hier bin. Ich will wissen, was ich wirklich tun soll.«

»Das sind zwei Fragen«, sagte Aaron. »Welche als Erstes?«

»Ich finde, es gehört zusammen.«

»Du fragst dich: Was ist der Sinn meines Lebens?«

Elaine nickte.

»Welche Art von Antwort erwartest du?«

»Dass mir jemand sagt, was der Sinn meines Lebens ist. Was denn sonst?«

Aaron nahm einen Schluck Kaffee. »Angenommen, jemand wüsste es und würde dir sagen: Der Sinn deines Lebens ist es, die Aufträge deines Arbeitgebers zu bearbeiten.«

»Na, so viel wüsste ich auch schon selbst«, sagte Elaine. »Und das ist es sicher nicht.«

»Gut. Angenommen, jemand sagt dir: Der Sinn deines Lebens ist es, Mutter zu sein.«

»Das weiß ich, habe ich auch gemacht, aber es ist mir inzwischen zu wenig.«

»Gut. Dann sagt dir jemand: Der Sinn deines Lebens ist es, jetzt fünf Jahre Medizin zu studieren, dann fünf Jahre Assistenz zu machen und danach eine Ärztin zu sein.«

»Das wäre schon besser, und es liegt mir vielleicht auch.«

»Aber?«

»Aber ich bin fünfundvierzig.«

»Na und?«

»Das ist zu alt, um jetzt noch zehn Jahre Ausbildung zu machen. Für mich zumindest.«

»Gut. Dann sagt dir jemand: Der Sinn deines Lebens ist, die Weisheit deines bisherigen Lebens zusammenzutragen und andere in deine bisher erworbenen Fähigkeiten einzuweisen.«

Elaine dachte eine Weile nach. Sie hatte das Studium absolviert, danach kurz im Büro gearbeitet. Anschließend ihre Tochter großgezogen, sich um den Haushalt gekümmert und dann wieder eine Stelle im kaufmännischen Bereich angenommen.

»Ich denke, das wäre interessant, aber ich habe dafür keine Ausbildung und ganz ehrlich auch nicht genügend Erfahrung«, sagte

sie schließlich. »Aber ich will etwas Neues machen. Etwas, das mich wirklich erfüllt.«

»Was machst du denn gern?«

»Ich liebe die italienische Sprache, du erinnerst dich vielleicht an meine italienischstämmige Großmutter. Und ich male gern.«

»Gut. Dann sagt dir jemand: Der Sinn deines Lebens ist es, nach Italien zu deinen Wurzeln zu gehen, die Sprachkenntnisse zu vertiefen und gleichzeitig die schönsten Bilder zu malen, die du kannst.«

»Ja, das schon eher.« Elaine lächelte bei dem Gedanken. »Aber davon kann ich halt nicht leben. Und meine Tochter geht sicher nicht mit, dann sehe ich sie noch seltener.«

»Merkst du etwas?«, fragte Aaron.

»Ich? Nein. Was denn?«

»Vollkommen gleichgültig, welche Antwort du auf deine Frage bekommst, sie macht dich nie zufrieden.«

»Genau deshalb suche ich ja auch noch«, sagte Elaine inzwischen spürbar zerknirscht. »Das ist ja das Problem.«

»Fassen wir einmal zusammen, was du bislang sicher sagen kannst«, schlug Aaron vor. »Keine Antwort auf deine Frage macht dich wirklich zufrieden. Nichts, was gesagt wurde, lässt dich ankommen.«

Elle nickte. »Bisher ist das so.«

»Worauf deutet das hin?«

»Keine Ahnung. Vielleicht, dass bisher noch keiner genug über mich und mein Leben wusste, um es mir sagen zu können?«

»Möglich. Du könntest also einfach weitersuchen und hoffen, dass durch noch mehr Fragen und längeres Suchen irgendwann die richtige Antwort auftaucht. Die Antwort, die dich erlöst.«

»Ich weiß«, sagte Elaine. »Und das macht mich traurig.«

Aaron bestellte per Handzeichen noch einen Kaffee für sich und einen Macchiato für Elaine.

»Dass keine Antwort kommt, die dich zufrieden werden lässt«, sagte er dann, »könnte aber auch eine andere Ursache haben.«

Elaine sah ihn erwartungsvoll an.

»Wir machen ein kleines Experiment. Bist du dabei?«

Sie nickte.

»Angenommen, du wüsstest immer, was du als Nächstes tun sollst. Du wüsstest ganz sicher, was das Richtige hier und jetzt ist. Der richtige nächste Schritt für dein Leben.«

»Ja?«

»Wäre dann die Frage nach dem Sinn deines Lebens noch da?«

Elaine kniff die Augen zusammen. »Was? Ich verstehe die Frage nicht.«

»Was wäre mit deiner bohrenden Frage nach dem Sinn deines Lebens, wenn du in jedem Moment ganz sicher den von der Seele gewünschten nächsten Schritt wüsstest?«

Elaine überlegte. Eine ganze Weile, weil sie sich diese Frage so noch nie gestellt hatte.

»Seltsam«, sagte sie schließlich. »Das wäre so gut, dass die Frage nach dem Sinn verschwände. Aber das ist verrückt!«

»Nein. Es ist logisch.«

»Aber warum?«

»Sobald dein Herz glücklich ist, fragst du nicht mehr nach dem Sinn deines Lebens. Dann hast du ihn gefunden.«

Elaine nickte. »Ja, stimmt.«

»Das Herz ist also der Schlüssel, nach dem du suchst. Ist es unglücklich, fragst du nach dem Sinn hinter allem. Ist es glücklich, verschwindet die Sinnfrage. Es ist wie ein Kompass.«

Elaine runzelte konzentriert die Stirn. »Also wäre die Antwort: Der Sinn meines Lebens ist, mein Herz glücklich zu machen.«

»Ja.«

»Aber wie soll das gehen, wenn man nicht weiß, was man tun soll? Das dreht sich irgendwie im Kreis.«

»Warte, es löst sich gerade. Wann wird dein Herz glücklich?«

»Ich weiß nicht genau.«

»Wenn du ihm folgst. Wenn du tust, wonach es sich sehnt.«

»Ja.«

»Also ist die Antwort auf die Frage nach dem Sinn deines Lebens: dem Herzen folgen. Denn sobald du dem Herzen folgst, verschwindet die Sinnfrage.«

Elaine rührte eine Weile nachdenklich mit dem Strohhalm in ihrem Latte Macchiato herum.

»Ja, so ist es«, murmelte sie schließlich. »Das ist verrückt, warum sagt einem das keiner?«

»Manche sagen es auf die eine oder andere Weise«, erklärte Aaron. »Aber den Gedanken fehlt oft die erlösende Kette von Antworten. Eine Antwort einfach nur gesagt zu bekommen macht den Verstand nicht zufrieden. Er will wissen, warum das die Antwort ist. Der Kopf will die Logik darin erkennen. Du musst sie selbst erleben und dabei fühlen, dass sich die Frage auflöst. Erst dann weißt du, dass es wirklich so ist.«

»Also kann ich aufhören, nach einer Antwort auf die Frage nach dem Sinn meines Lebens zu suchen. Ich suche stattdessen danach, was mein Herz als nächsten Schritt will«, fasste Elaine zusammen.

»Ganz genau so«, sagte Aaron. »Wie fühlt sich das an?«

»Besser«, sagte Elaine. »Viel besser.«

»Prima«, sagte Aaron. »Und jetzt, wenn du willst, sehen wir uns an, wie das geht.«

Verändern Sie die Frage, und alles verändert sich

Die Frage nach dem Sinn des eigenen Lebens ist für viele Menschen eine wirklich übermächtige Frage. Denn woher soll man die Antwort wissen? Besonders, wo doch jedes Leben so individuell ist, von derart unterschiedlichen Erlebnissen, Erkenntnissen und Überzeugungen geprägt?

Eine Stelle kann Ihnen den Sinn nennen: Ihre Seele. Und die lebt in Ihrem Herzen. Wenn Sie sich mit Ihrem Herz verbunden haben oder nach dem Herzen leben, werden Sie feststellen: Die Frage verschwindet.

Wenn Sie Kunst erschaffen oder sie erleben, und Ihr Herz ist berührt, verschwindet die Frage. Wenn Musik Sie erfüllt, verschwindet die Frage. Wenn Schönheit Ihr Herz berührt, verschwindet die Frage. Wenn Sie Liebe spüren, löst sich die Frage nach dem Sinn ebenfalls auf.

Plötzlich wissen Sie es. Sie spüren es in jeder Zelle, weil der Sinn auf einmal in Ihnen ist. Nicht in Form von Worten mit einer bestimmten Aussage oder Anweisung. Das Leben selbst mit seiner Idee für den nächsten lebendigen Schritt durchströmt über Ihr mit allem verbundenes Herz jede Ihrer Zellen. Und dies so deutlich, dass Sie hier und jetzt mit allem eins sind. Genau diesen Zustand nennt man »Liebe«. Das ist auch der Grund, warum Liebe dem Herzen zugeordnet wird. Liebe heißt: vollkommen »im eigenen Herzen zu sein«.

Sie selbst, mit der Frage nach dem Sinn, stehen nun nicht mehr Ihrem Leben »dort drüben« gegenüber und fragen: »Leben, was ist dein Sinn?« Wenn Sie immer Ihr Herz nach dem nächsten richtigen Schritt fragen, sind Sie zu diesem Sinn geworden. Dann sind Sie vollkommen eins mit Ihrem Leben.

Den Sinn erleben

Wenn die Frage »Was ist der Sinn meines Lebens?« kommt, fragen Sie sich: »Was ist der nächste richtige Schritt in meinem Herzen?«
Sobald Sie ihn gefunden haben, spüren Sie den Sinn.

Elaine und die Sinnfrage (3): Die Ebenen der Gedanken

Inzwischen hatten Aaron und Elaine das Café verlassen. Sie schlenderten nebeneinander durch den Park auf der gegenüberliegenden Seite der Straße. Es war früher Sommer und Ferienzeit. Kinder auf Skateboards und Jogger teilten sich die Wege mit Kinderwagen schiebenden Müttern und Rentnern mit Walkingstöcken.

»Untersuchen wir den Weg zu der Antwort auf die Frage, was der nächste Schritt aus dem Herzen ist«, griff Aaron das im Café begonnene Thema wieder auf. »Wenn deine Gedanken ein Problem wälzen, ist dann das Herz gerade dabei?«

»Ich glaube, ich verstehe die Frage nicht ganz«, sagte Elaine.

»Gut, drehen wir es um. Wann ist ein Entschluss so gut, dass es sich befreiend und einfach nur richtig anfühlt?«

Elaine überlegte kurz. »Wenn ich nicht mehr groß nachdenken muss, weil ich einfach weiß, dass es richtig ist«, sagte sie dann.

»Und wann entsteht ein Problem?«

»Wenn ich dauernd darüber nachdenke, was ich tun soll, und einfach keine Lösung herauskommt. Oder es kommt eine Lösung, aber die mag ich nicht.«

Aaron nickte. »Könnte man sagen: Wenn du im Herzen weißt, dass es richtig ist, und die Gedanken keine Einwände haben, dann ist es gut?«

»So ziemlich.« Elaine nickte langsam.

»Nur ziemlich? Was wäre denn noch besser?«

»Wenn ich etwas im Herzen toll finde und die Gedanken es auch klasse finden. Und wenn ich es dann noch tue oder bekomme. Das wäre perfekt.«

»Gut«, sagte Aaron. »Dann sehen wir es der Reihe nach so an. Es wäre also ein guter Zustand, wenn das Herz und die Gedanken vollkommen und ohne jeden Zweifel dasselbe sagen?«

»Allerdings!«

»Ist es nach deiner Erfahrung möglich, das Herz so zu verändern, dass es etwas anderes will? Dass es sich den Gedanken anpasst?«

Elaine schüttelte den Kopf. »Zumindest bei mir hat das noch nie geklappt.«

»Haben sich die Gedanken irgendwann schon einmal verändert, sodass sie zu dem Weg des Herzens schließlich Ja sagten?«

»Ja, natürlich.«

»Und was geschah, wenn das der Fall war?«

»Dann war es gut.«

»Glücklich?«

»Nicht immer. Manchmal musste ich etwas loslassen, und das machte mich ziemlich unglücklich.«

»Aber du hast es dennoch getan.«

»Ja.«

»Warum?«

»Weil ich wusste, dass es richtig war. Es ging nicht anders.«

»Okay, wie war es, etwas zu tun, das gerade nicht schön war, aber dennoch zu wissen, dass es richtig ist?«

»Erlösend«, sagte Elaine. »Ich glaube, das trifft es am besten. Auch wenn es gerade nicht lustig sein mag, ist es dennoch am Ende befreiend.«

»In einem Moment das Richtige zu tun, obwohl alle Gedanken sagen: ›Ich will das nicht, das tut weh‹, ist dennoch auf eine Art gut?«

»Gut vielleicht nicht gerade, aber eben erlösend.«

»Was ist das Erlösende daran?«

»Ich hatte jedes Mal das Gefühl, nun wieder meinen Weg gehen zu können«, sagte Elaine. »Das Gefühl, dass es jetzt weitergehen kann. Dass wieder Neues und vielleicht auch Schönes kommen kann.«

»Könnte man sagen: Wenn deine Gedanken irgendwann dem, was du als richtig gefühlt hast, zugestimmt haben, wurde es erlösend?«

»Ja.«

»Dann entsteht das Unglück also in den Gedanken.«

»Wie bitte?«

»Das Unglück entsteht durch die Gedanken, die sich gegen etwas wehren, was man als richtig fühlt. Oder gegen das, was einfach die Wahrheit ist.«

»So gesehen schon«, stimmte Elaine zu. »Aber das ist doch nicht die Ursache für alles Unglück, oder? Wenn jemand stirbt oder leidet, bin ich doch auch unglücklich, und das hat nicht nur mit meinen Gedanken zu tun.«

Aaron nickte. »Natürlich, dann trauert die Seele. Doch wir sehen uns im Moment die Frage ›Was ist der Sinn meines Lebens?‹ an und wie du zu Entscheidungen kommst, die vom Herzen getragen sind. Wenn jemand stirbt oder leidet, und du bist mit deinem Herzen verbunden, wirst du dennoch erleben, wie er stirbt oder leidet. Aber es wird nicht den Sinn deines Lebens infrage stellen, und es wird dich, auch wenn es schlimm ist, nicht zu einem unerfüllten Menschen machen.«

»Und wenn mich jemand verlässt, mit dem ich ein Leben aufbauen wollte? Dann bricht schlagartig eine Lebensidee zusammen, und das fühlt sich wirklich sinnlos an.«

»Eine Lebensidee deiner Gedanken mag zusammenbrechen. Aber dein Herz ist deshalb nicht am Ende seiner Lebensidee angekommen. Wenn du traurig bist, frage dein Herz nach dem nächsten Schritt, und der Sinn kommt zurück.«

»Das ist manchmal schwer.«

»Warum?«

»Wenn mein Herz traurig ist, kommen meistens keine besonders motivierenden Antworten.«

»Ja«, sagte Aaron, und Elaine sah ihm an, dass er selbst durcherlebt hatte, wovon er sprach. »Manchmal scheint das so. Deshalb braucht es die Zeit für die Trauer. Aber irgendwann ist sie vorüber, und dann fragt man sein Herz, wohin es jetzt gehen will.«

Die beiden gingen eine Weile nebeneinander her, ohne dass sich der Impuls für einen weiteren Wortwechsel ergab. Elaine spürte die kleinen Kieselsteine unter ihren Schuhsohlen knirschen. Sie hörte Kinderstimmen von einem Spielplatz in der Ferne und das schleifende Rollen eines Skateboards irgendwo hinter sich. Könnte es wirklich sein, dass inneres Unglück mit den eigenen Gedanken über die Welt zu tun hatte? Könnte die Frage nach dem Sinn in Wahrheit die Frage nach dem Wunsch des Herzens für den nächsten Schritt sein? Dann wäre ein Leben in Übereinstimmung mit dem eigenen Herzen der Lebenssinn und gleichzeitig der Weg zu innerem Glück.

»Wenn das so ist«, brach Elaine das Schweigen. »Woher weiß man, was für das Herz richtig ist und vom Herzen gewünscht wird?«

»Man weiß es, wenn man mit den Gedanken so denkt, wie das Herz denkt«, sagte Aaron, als hätte er ihre Überlegungen mitgehört und nur auf ihre Frage gewartet.

»Gut. Nur wie soll das gehen?«

»Indem du weißt, wie dein Herz tickt und wie dein Verstand tickt. Wenn du die Ebenen kennst, auf denen deine Gedanken ablaufen können, und ihnen auf eine höhere Ebene verhilfst. So lange, bis sie auf der Ebene ankommen, auf der das Herz denkt. Bring die Gedanken zum Herzen und es wird gut.«

Elaine schüttelte verwundert den Kopf.

»So wie du es sagst, klingt es so logisch und einfach. Aber woher weißt du das alles?«

»Ich bin ein wenig herumgekommen, habe viel erlebt, und eines Tages hat es mir jemand erklärt.« Aaron tippte so flüchtig, dass es außer Elaine niemand wahrnehmen konnte, mit einem Finger an die Stelle seines und dann ihres Herzens. »Und jetzt erfährst du es.«

Die vier Schlüsselfragen zur Aktivierung des Herzverstandes

Der Weg zum größten
Potenzial meines Lebens

Die Kraft der richtigen Frage entdecken

Vor zwei- bis dreitausend Jahren reisten viele große Philosophen, Staatsmänner, Könige, aber auch ganz normale Bürger zu einem besonderen Ort, um sich dort Rat von höchster Stelle zu holen. Im griechischen Delphi gab es einen Tempel, in dem eine Priesterin, griechisch *Pythia* genannt, mit einer besonderen Verbindung zu den Göttern lebte. Mehrmals im Jahr gab es, wenn die Götter es erlaubten, Audienz für die unzähligen Ratsuchenden. Die Priesterinnen, die für das Orakel ihren Dienst taten und im Laufe der Jahrhunderte natürlich wechselten, sollen vielen berühmten Personen ihrer Zeit später tatsächlich eingetroffene Ereignisse vorausgesagt haben.

Weil die Antworten anerkanntermaßen nicht von der Person der Pythia, sondern von Gott oder den Göttern durch sie hindurch gesprochen wurden, bezeichnete man diese Botschaften von höchster Stelle mit dem Wort *oraculum*, was so viel wie »Spruch der Götter« bedeutet. So entstand der bis heute bekannte Begriff »Orakel von Delphi«, und der Ort Delphi galt lange Zeit sogar als Mittelpunkt der Welt.

Überlieferungen zufolge hatte der kreisrunde Apollon-Tempel, in dem die Weissagungen stattfanden, zwei Eingänge. Über jedem war eine Inschrift eingraviert. Besucher, die das rechte Tor durchschritten, liefen unter den Worten »Erkenne dich selbst« hindurch. Wer den linken Eingang wählte, passierte die Aussage: »Dann erkennst du Gott.«

Sokrates und die Wahrheit

So berühmt das Orakel von Delphi auch war, einer der Größten seiner Zeit hatte es nie aufgesucht: der Philosoph Sokrates. Pilger jedoch befragten das Orakel nach dem weisesten lebenden Menschen und bekamen Sokrates' Namen zur Antwort. Als dem Philosophen dies zu Ohren kam, gab er sich verwundert über die Aussage des Orakels. Er, der für sich »Ich weiß, dass ich nichts weiß« als die höchste Wahrheit erkannt hatte, sollte der Weiseste von allen sein? Wie es seine Art war und seiner Lehre entsprach, glaubte Sokrates den Spruch nicht einfach, sondern machte sich auf die Suche, ihn entweder bestätigt zu finden oder widerlegt zu bekommen. Er begann damit, in allen Gesellschaftsschichten und Berufen danach zu suchen, ob nicht doch jemand mehr Weisheit besaß als er.

Nun verfügte Sokrates über eine außerordentliche Brillanz des Geistes und war sowohl ein Schelm als auch ein unübertroffen geschickter Gesprächspartner. Wenn er hörte, dass jemand behauptete, sich einer Wahrheit sicher zu sein, hinterfragte er dessen Aussagen wie ein unschuldiger Nichtswissender einfach immer weiter. Scheinbar arglos erkundigte er sich immer genauer, woher sein Gegenüber diese Sicherheit des Wissens hatte. So lange, bis der andere seine These letztlich nicht mehr aufrechterhalten konnte und zugeben musste: »Ich weiß es auch nicht.«

Sokrates' Absicht war niemals, andere zu ärgern. Er wollte sie zu der Erkenntnis führen, dass alles, was ein Mensch sicher zu wissen glaubt, immer nur eine momentane persönliche Meinung ist und keine absolute Wahrheit, die für alle gilt. Im Geheimen wusste Sokrates jedoch, dass hinter der Grenze jeder persönlichen Meinung eine viel größere Wahrheit auf den Suchenden wartete. Ein göttliches Wissen, das nicht in Worten erklärt, sondern nur als Zustand erlebt wer-

den kann. Eine Wahrheit, zu der man selbst wird, wenn man sie gefunden hat. Doch dafür muss man zuerst die Grenzen des eigenen Verstandes erkennen und fallen lassen.

Sokrates' Lehren spalteten die Menschen in zwei Lager. Es gab glühende Anhänger und erbitterte Gegner. Seine Gegner beschuldigten ihn, vor allem die jungen Menschen, die ihm sehr am Herzen lagen, durch die ständige Hinterfragerei gegen den Staat aufzuwiegeln. Am Ende musste er sich diesem Vorwurf vor Gericht stellen und wurde vor die Wahl gestellt: entweder solle er damit aufhören, seine Lehren zu verbreiten, oder er müsse den Giftbecher trinken.

In einer langen letzten Rede erklärte Sokrates den Regierenden und dem Volk von Athen, dass es ihm unmöglich sei, damit aufzuhören, die Menschen an die Wahrheit und an das Unwahre zu erinnern. Denn dies sei seine Aufgabe, und er könne nicht alles, was er jemals gelehrt hatte, verleugnen. Mit dem Hinweis, dass er nicht mit dem Urteil übereinstimme, aber das Rechtssystem seines Landes achte, nahm Sokrates den mit Schierlingsextrakt gefüllten Becher entgegen.

Der größte Weise seiner Zeit verbachte seine letzten Stunden, so wie es damals für Philosophen üblich war, in der Runde seiner engsten Schüler. Darunter befand sich einer mit dem Namen Kriton. An ihn wandte Sokrates seine letzten Worte, und auch diese zeugen von der unbedingten Rechtschaffenheit, die er sein Leben lang gelehrt und vorgelebt hatte: »O Kriton, wir sind Asklepios noch einen Hahn schuldig. Entrichtet ihm den. Und versäumt es ja nicht.«

»Das Staunen ist die Einstellung eines Menschen, der die Weisheit wahrhaft liebt. Ja, es gibt keinen anderen Anfang der Philosophie als diesen.«

Platon (428–348 v. Chr.)
– Griechischer Philosoph, Begründer der abendländischen Philosophie –

Fragen sind der Antrieb Ihres inneren Lebens

Sich eine Frage zu stellen ist der Beginn von allem, was mit Veränderung zu tun hat. Und sich die richtige Frage zu stellen ist der Beginn von allem, was mit Weisheit zu tun hat.

Für die persönliche Entwicklung und für jede größere Erkenntnis ist es von zentraler Bedeutung, ob sich jemand irgendwann »die richtige Frage stellen« wird. Anderesherum können Sie jemandem die höchsten Wissensschätze vor die Füße legen – wenn er sich selbst keine Frage dazu stellt, wird er sie bestenfalls konsumieren und dann vergessen.

Unsere Fragen nach dem Woher, Wohin und Warum sind die Triebkräfte für das persönliche und spirituelle Wachstum. Manchmal ist es anstrengend, einer dieser ständig Suchenden zu sein. Doch die verborgene Unzufriedenheit ist wie der Treibstoff eines Motors, der uns in Bewegung hält.

In sich selbst eine ständige Suche zu spüren ist also nicht negativ. Es ist ein Ruf danach, eine höhere Ebene zu entdecken. Manchmal verwechselt man diese Sehnsucht nach Erkenntnis versehentlich mit der Sehnsucht nach einem anderen Menschen, weil man eben in beiden Fällen Sehnsucht fühlt. Für einen Menschen auf dem Wachstumsweg kann es gut sein, dass kein anderer Mensch das Gefühl von Sehnsucht je stillen wird, weil nur das Wissen es stillen kann. Und soweit es das persönliche Leben betrifft, sitzt ein bedeutender Teil des Wissens im Herzen.

»Das Wichtigste ist, dass man nicht aufhört zu fragen.«

Albert Einstein (1879–1955)
– Physiker, Visionär und Philosoph –

Was Zuckerwatte und Gedanken gemeinsam haben

Es gibt unterschiedliche Wege, sein Herz zu aktivieren, sich mit ihm zu verbinden und auf es zu hören. Manche verwenden Meditationstechniken, andere benutzen andere Hilfsmittel oder erlernte Techniken. Viele Menschen spüren ihre Herzführung auch »einfach so«. Für wieder andere funktioniert mal dieses und mal jenes. Oder manchmal gar nichts von alldem. Ein sehr guter Weg zur Verbindung mit den Kräften des Herzens, der zudem auch in gefühlsmäßig turbulenten Zeiten gut funktioniert, beginnt im eigenen Kopf. In den Gedanken.

Die Fäden und der Stab

Vielleicht ist Ihnen schon aufgefallen, dass sich alle Gedanken fast immer um eine oder mehrere Fragen drehen. Eine wichtige Frage in Ihrem Kopf ist wie ein dünner Holzstab, den Sie in einen rotierenden Kessel mit Zuckerwatte halten. Je länger sich die Frage im Kessel dreht, umso mehr Gedankenfäden wickeln sich darum. »Wie soll ich …? Warum nur …? Warum gerade jetzt? Wie kann ich das lösen? Wieso überhaupt? Warum geht es nicht? Was ist das Beste für …? Oder wäre es besser …? Ich sollte vielleicht … Gottseidank wird es gerade wieder leichter … O Gott, ich verliere die Übersicht … Warum wird es jetzt wieder schlimmer? Jetzt weiß ich, warum … Aber andererseits … Habe ich mich doch geirrt? Hätte vielleicht alles anders kommen können? …«

Fragen leiten die Gedanken

Diese ganze Wolke in Ihrem Kopf hat ein Zentrum, und dieses Zentrum ist eine Frage. Doch wie Sie es von der Zuckerwatte kennen, sehen Sie den Stock im Zentrum irgendwann nicht mehr. Alles ist miteinander verwickelt, verstrickt und aufgebauscht. Und immer, wenn Sie ein Stück aus dieser Wolke abtrennen und in den Mund nehmen, zerfällt es zu fast nichts. Genauso wie es bei vielen Gedanken, die man sich näher ansieht, ebenfalls geschieht.

Per Geheimcode direkt ins Herz

Ein großes Geheimnis bei der Verbindung von Herz und Verstand liegt darin: In dem Moment, in dem Sie sich die richtige Frage stellen, springt Ihr Herz an. Wie auf einen Geheimcode reagiert es unmittelbar und sendet Ihnen Antworten zurück. Gleichzeitig verändert es sein Feld nach außen. Allein schon mit der richtigen Frage im Herzen sind Sie ein anderer Mensch als mit verwirrenden Gedanken im Kopf. Natürlich gibt es keine »falschen« Fragen. Mit »richtige Frage« ist aber jene gemeint, die richtig ist, um das Herz zu berühren, sodass es sich mit dem Verstand verbinden kann.

Die folgenden vier Schlüsselfragen verbinden das Herz, unmittelbar nachdem sie gestellt wurden, mit dem Verstand.

Die erste Schlüsselfrage: »Ist es im Herzen richtig?«

Das Herz zeigt den Weg über Gefühle oder Impulse von »Richtigkeit.«

Wenn etwas gegen das eigene Herz geht, kann es kein gutes Leben erzeugen. Deshalb bewegt die Frage, was »gut und richtig« ist, die Menschen, seit es sie gibt. Philosophen, Priester, Richter, Anwälte, Weisheitslehrer, Religionsgründer, Könige, Feldherren – sie alle widmeten schon vor Jahrtausenden ihr Leben der Suche nach allgemein gültigen Regeln. Doch was für den einen gut und richtig ist, kann einem anderen sogar schaden.

Die Frage »Was ist richtig?« lässt sich nicht für alle Menschen, alle Zeiten und alle Situationen mit einer einheitlichen Regel beantworten, weil zu viele Variablen davon betroffen sind. Zu viele Beteiligte mit zu vielen unterschiedlichen Welten, Sichtweisen, Bedürfnissen. Es gibt einfach zu viele Umstände, als dass man für jeden zutreffend beantworten könnte, was richtig ist.

Die Antwort zum Lebensglück liegt tatsächlich im Herzen verborgen

Wenn man Argumente sucht, die allem gerecht werden, kann es schwierig sein, eine Antwort zu finden. Erweitern Sie die Frage hingegen zu »Ist es *im Herzen* richtig?«, wird sie plötzlich für Ihr Leben sehr gut anwendbar. Sie verlassen die langen Diskussionen und Begründungen des Verstandes und hören unmittelbar der höheren Intelligenz in Ihnen zu. Dem Teil, der ein Vieltausendfaches schneller zu Ergebnissen kommt und dabei zudem noch alle Aspekte des persönlichen Lebens einbezieht. Und obwohl so viel mehr berücksichtigt wird, als man sich vorstellen kann, wird die Antwort vielleicht ganz einfach ausfallen: »Ja.« Oder: »Nein.« Und mehr braucht es genau genommen auch nicht.

»Das Glück wohnt nicht im Besitze und nicht im Golde, das Glücksgefühl ist in der Seele zu Hause.«

Demokrit (ca. 460–370 v. Chr.)
– Griechischer Philosoph und Entdecker des Atoms als kleinstem Baustein der Realität –

Das Schlüsselwort »Herz«

Worte haben eine enorme Kraft, wenn sie richtig verwendet werden. So auch das Wort »Herz«. Alle Fragen, in denen es vorkommt, verbinden sofort den Verstand mit dem Herzen.

Ein Beispiel: »Liebe ich meinen derzeitigen Partner?« Viele Befragte würden spontan mit Ja antworten, selbst wenn dahinter ein leises »aber« folgt.

Nun erweitern wir die Frage um das Wort »Herz«: »Liebe ich meinen derzeitigen Partner *aus ganzem Herzen*?«

Diese Frage können Sie unmöglich allein mit dem Verstand beantworten. Und es gibt zu dieser Frage kein »aber«. Es gibt nur ein Ja oder Nein. Das Herz ist immer voll und ganz bei einer Sache oder gar nicht. Sobald Sie denken: »Ja schon, aber ich weiß nicht genau …«, sind Sie im Verstand.

Dass es auf ein deutliches Ja oder Nein im Herzen hinausläuft, ist typisch für das Wesen einer Schlüsselfrage.

- »Möchte ich aus ganzem Herzen mein Leben mit diesem Menschen verbringen?«
- »Möchte ich im Herzen diesen Beruf weiter ausüben?«
- »Bin ich noch mit dem Herzen bei dieser Idee?«
- »Ist mein Herz darüber traurig? Ist es darüber erleichtert?«
- »Ist diese Beziehung für mein Herz gut?«
- »Ist dieser Mensch ein im Herzen guter Mensch?«

»… im Herzen …« fragt immer nach der höchsten Wahrheit. Es ist ein klares Signal von Ihren Gedanken an Ihre Seele.

Die Frage nach der Richtigkeit

Klaus Schubert und Claudia Metz fragten ihre Herzen: »Ist es richtig, heute am Strand zu übernachten oder eine Hütte zu nehmen?« Claire Sylvia fragte sich im Herzen: »Ist es richtig, die Frage nach dem Spender meines Herzens, wie versprochen, auf sich beruhen zu lassen, oder soll ich dennoch weiter suchen?« Die Indianer Nord- und Südamerikas fragten sich im Herzen: »Ist der Zeitpunkt nun richtig, sich mit den anderen zu vereinen und die Teilung unserer Völker zu heilen?«

Die Frage, ob etwas richtig ist und wann es richtig ist, ist eine typische Herzensfrage. Ganz oft können Sie es mit dem Verstand einfach nicht wissen, weil Sie keine oder zu wenig Informationen haben. Dann richten Sie Ihre Frage direkt an die Adresse Ihres Herzens: »Ist es im Herzen richtig …?«

> »Betrachte still, was richtig und was falsch ist.
> Empfange alle Meinungen gleichermaßen.
> Ohne Hast, weise, beachte das Gesetz.«

Buddha (563–483 v. Chr.), auch: Siddhartha Gautama
– Erleuchteter Weisheitslehrer und Begründer des Buddhismus –

Die positive Wirkung der ersten Frage auf Sie selbst

»Ist es im Herzen richtig?« …

- … lässt augenblicklich die Gedanken ruhiger werden. Die Aufmerksamkeit geht nach innen und wird abwartend.
- … ist die Masterfrage über allen Detailerwägungen der Gedanken. Selbst wenn alles scheinbar deutlich für oder gegen etwas spricht, kann diese einfache Frage alles verändern.
- … kann spontan eine Kraft freisetzen, die man ebenso spontan in eine konkrete Entscheidung verwandeln kann.
- … bezieht die Liebe mit ein. Und mit der Liebe auf Seelenebene könnte man zu einem deutlich anderen Ergebnis kommen als mit dem Kopf allein.
- … wirkt wie ein Gebet. Ehrlich gesprochen verbindet es Sie sofort mit einer höheren Quelle.
- Die laut ausgesprochene Erkenntnis, was im Herzen richtig ist, lässt meist auch die Argumente anderer verstummen. Es ist, als würde die Erwähnung der Herzenswahrheit den Verstand an seine Position erinnern.

Prüfen Sie kurz selbst nach, was es mit Ihnen macht, wenn Sie sich die Frage stellen: »Ist es im Herzen richtig?« Setzt es innerlich etwas in Gang, oder bleibt alles wie zuvor? Erzeugt es das Gefühl, dass sich ein Weg zeigt, oder bleibt alles so verschlossen wie bisher? Gehen die Diskussionen im Kopf weiter, oder kommt eine Klarheit und eine gewisse innere Ruhe auf?

Das Richtige in den Positionen des Lebens

Der Bedürftige fragt: »Was ist das Richtige, damit es mich versorgt?«

Der Habgierige fragt: »Was ist das Richtige, damit es immer mehr wird?«

Der Schuldner fragt: »Was ist das Richtige, damit ich frei werde?«

Der Kaufmann fragt: »Was ist das Richtige, damit es sich rechnet?«

Der Krieger fragt: »Was ist das Richtige, damit ich gewinne?«

Der Politiker fragt: »Was ist das Richtige, damit ich Macht bekomme?«

Der Süchtige fragt: »Was ist das Richtige, damit dieses Gefühl wiederkommt?«

Der Verletzte fragt: »Was ist das Richtige, damit ich geliebt werde?«

Der Liebende fragt: »Was ist das Richtige, damit es dem anderen nützt?«

Der Sehnsüchtige fragt: »Was ist das Richtige, damit ich ankomme?«

Der Philosoph fragt: »Was ist das Richtige, um herauszufinden, was richtig ist?«

Der Meditierende fragt: »Was ist das Richtige, damit mich all das loslässt?«

Was ist »richtig«? Die Frage des Sokrates

Der Philosoph Sokrates war unter anderem dafür bekannt, dass er mittels der vom ihm entwickelten Fragemethode gemeinsam mit seinen Schülern und Ratsuchenden nach dem »Guten und Richtigen« suchte. Für Sokrates war Gerechtigkeit die Voraussetzung für das individuelle Glück. So wie die Augen für die Sehkraft und die Ohren für die Hörfähigkeit gebraucht werden, sei Gerechtigkeit notwendig, um Seelenglück zu erfahren. Eine Seele, umgeben von Unrecht und Unrichtigkeit, könnte nicht anders, als unglücklich zu sein.

Eines Tages besuchte Sokrates den reichen Kephalos in dessen Haus am Athener Hafen Piräus, um mit ihm die Frage zu diskutieren, was denn »gerecht« und »richtig« sei. Sokrates war sehr gewitzt und neigte dazu, seine Gesprächspartner zu verwirren. Nach einigen einleitenden Worten fragte er seinen Gastgeber, was er an seinem Reichtum am meisten schätze.

Kephalos antwortete, dass es die Möglichkeit sei, niemandem etwas schuldig bleiben zu müssen. Sokrates erkannte sofort die Chance, das Thema von Gut und Richtig anzusprechen. Er stellte die Frage in den Raum, ob es richtig und gerecht wäre, einem Freund geliehene Waffen zurückzugeben, auch wenn dieser inzwischen verrückt geworden wäre und man wüsste, dass er damit losziehen und andere umbringen würde.

Kephalos meinte, unter diesen Umständen würde man dem anderen wohl kaum die Schuld zurückerstatten. Er zog sich zurück, um seinem Sohn Polemarchos das weitere Gespräch mit Sokrates zu überlassen. Polemarchos meinte auf die gleiche Frage, man müsse zwar einerseits seine Schulden bezahlen, dürfe jedoch andererseits einem Wahnsinnigen keine Waffen in die Hände geben, und er wüsste letztlich auch keinen Ausweg aus der Frage.

Die richtigen Fragen verbinden den Verstand mit der Weisheit

Es war typisch für Sokrates, seinen Gesprächspartnern keine Antworten oder Lösungen vorzugeben, sondern sie auf geschickte Weise selbst nach der Wahrheit suchen zu lassen. So konnte jeder selbst innerlich ermessen, was er wusste und wo er stand. Sokrates' unausgesprochene Idee dahinter war, dass es besser ist, etwas Falsches herausgefunden zu haben und es dann nicht zu tun, als einen falschen Gedanken einfach zu glauben und bei seiner Umsetzung die Seele durch eine ungute Handlung unglücklich zu machen.

Stellen Sie sich die erste Schlüsselfrage zu der Situation mit den geliehenen Waffen. »Ist es im Herzen richtig, sie zurückzugeben, auch wenn der andere Schaden damit anrichten würde?«

Bei vielen Menschen würde das Herz wahrscheinlich spontan antworten: »Es ist nicht richtig, die Waffen einem Wahnsinnigen zurückzugeben, selbst wenn man sie ihm schuldet und es rechtlich gesehen tun müsste. Lieber ein Schuldner bleiben, als ein Mitmörder werden.«

Über die Schlüsselfrage haben Sie eine Antwort erhalten, zu der Sie persönlich stehen können und die keine weiteren Argumente braucht.

Der »erste richtige Schritt« ist für den jetzigen Moment ausreichend

Der Verstand liebt es manchmal, genau die Wege mit Argumenten auszuhebeln, die eine Veränderung für ihn bedeuten. Das gelingt ihm besonders leicht, wenn man gerade keinen Sokrates hat, der einen aufmerksam und wissend mit guten Fragen begleitet. Vielleicht sagen die Gedanken: »Mir ist schon klar, dass die Situation im Moment nicht richtig ist. Aber solange ich nicht weiß, was besser ist, mache ich lieber so weiter wie bisher.«

Deshalb ist eines wichtig: Wenn Sie die Frage »Ist es im Herzen richtig?« anwenden, sagt niemand, dass Sie auf Anhieb die endgültige Lösung bekommen müssen. Allein zu wissen, was im Herzen gerade »ganz sicher nicht richtig ist«, bedeutet bereits eine erhebliche Antwort. Mit ihr kann man auf jeden Fall schon einmal aufhören, weiterhin das Falsche zu tun.

Das Nichtrichtige beenden

Manchmal fragt man sich,
wann endlich die erlösende Antwort kommt.
Dabei ist sie die ganze Zeit da,
wiederholt ständig dieselbe Botschaft und sagt:
»Höre auf, das als falsch Erkannte weiterzumachen.
Wenn du Stück für Stück alles Nichtrichtige beendest,
wird das Richtige übrig bleiben.«

»Das Richtige« als Argument des Verstandes

Der Verstand allein kann relativ schnell zu dem Schluss kommen, dass etwas »gut« wäre oder »erlaubt« oder »in Ordnung«. Er achtet für gewöhnlich gern zuerst darauf, ob es gut für ihn selbst ist. Ob es Vorteile bringt, Wünsche erfüllt, ob man ein Recht darauf hat und so weiter. Aus den folgenden Bausteinen baut er sein Urteil auf.

- Logik und erkennbare Zusammenhänge
- Möglicherweise resultierende persönliche Gefühle, in gut und schlecht aufgeteilt
- Aufwand und Ergebnis
- Sicherheit des Eintreffens
- Ausgleich von Pflichten oder Ansprüchen *in diesem Leben*
- Alles, was die herkömmliche Psychologie erforscht hat (Sinneseindrucke, Erfahrung dieses Lebens, Reflexe, Ängste, Konditionierungen …)

Folgende Bausteine kann der Verstand nicht berücksichtigen, weil sie außerhalb seines Wissens und seiner Möglichkeiten liegen:

- Lebensabsicht der Seele
- Kommende Zeitfenster und deren Kräfte
- Ausgleich von Pflichten oder Ansprüchen *in allen Leben* (Karma)
- Versprechen und Verabredungen auf Seelenebene
- Muster und Prägungen, die im Unterbewusstsein wirken

»Die Definition von Wahnsinn ist,
immer wieder das Gleiche zu tun
und andere Ergebnisse zu erwarten.«

Albert Einstein (1879–1955)
– Physiker, Visionär und Philosoph –

»Das Richtige« als ein Wissen im Herzen

Unser Herz ist nicht an die Gedanken des Ichs gebunden. Es folgt einer höheren Wahrheit und achtet ausschließlich darauf, ob etwas aus Seelensicht und auf Seelenebene richtig ist. Deshalb werden Themen wie Gerechtigkeit und »Stimmigkeit« für Sie umso bedeutsamer, je intensiver Sie mit Ihrem Herzen verbunden sind. Irgendwann könnte es Ihnen sogar unmöglich werden, Dinge nur anderen zuliebe oder einer Regel zuliebe zu tun, wenn sie Ihrem Herzen widersprechen. Sie halten es dann einfach nicht mehr aus, das Alte weiterzuleben. Recht und Gerechtigkeit sind Seelenthemen, deshalb bewirken große Ungerechtigkeiten auch so deutliche Reaktionen, selbst wenn man davon persönlich nicht betroffen ist.

Unser »Gewissen« ist also das Wissen der Seele um die Richtigkeit einer Sache. Wenn ein Mensch etwas tut, das ihm nützt, jedoch einem anderen schadet, kann er dafür viele Argumente haben. Doch kein Argument wird gut genug sein, um sein Herz sagen zu lassen: »Das ist gut so.« Das berühmte schlechte Gewissen ist nichts anderes als die Stimme des Herzens, die dem Verstand signalisiert: »Das war nicht gut! Nicht für den anderen und nicht für unseren Weg.«

Der Weg der Überzeugungskraft

Man kann sein eigenes Herz nicht von etwas überzeugen.
Man kann sich nur von ihm überzeugen lassen.

Drei Fallen bei der Schlüsselfrage

Falls die Frage »Ist es im Herzen richtig?« keine Reaktion, Antwort oder gefühlte Antwort auslöst, könnte dies an einem der drei Fallstricke liegen, die das Unterbewusstsein gern legt.

Die erste Falle: Die Antwortmöglichkeiten bereits vorgeben

Angenommen, jemand fragt: »Ich möchte in meinem Herzen wissen, was das Richtige ist, um Paul zu überzeugen, sich für mich zu entscheiden.« Dann macht er eigentlich gerade Folgendes:

1. »Ich habe entschieden, dass ich Paul gewinnen will.«
2. »Herz, sage mir, wie ich das erreiche.«

Durch die Vorgabe der Bedingung hat man dem Herzen die Möglichkeit genommen, als Erstes die Frage zu beantworten, ob Paul aus Seelensicht überhaupt als Partner für dieses Leben vorgesehen ist. Natürlich können starke Gefühle einen das glauben lassen. Aber es könnte auch eine karmische Begegnung sein, die sich deshalb extrem intensiv anfühlt, aber dennoch in diesem Leben keine Partnerschaft werden soll. Würde man in so einem Fall das Herz fragen, wie man den anderen bekommen könne, erhielte man bei dieser Fragestellung keine Antwort. Weil es keine gibt.

Eine offene Frage wäre: »Ist es im Herzen richtig, wenn Paul und ich als Paar zusammenkommen?«

Die zweite Falle: Eine emotionale Erwartung haben

Wenn Sie zusammen mit einer Herzensantwort auch bestimmte Gefühle erwarten, könnte es sein, dass Sie etwas überhören, nur weil es sich anders anfühlt. Wenn jemand zum Beispiel glaubt, jede Antwort aus dem Herzen müsste »schön« sein und »guttun«, wäre das eine Erwartung, die unangenehme, aber wahre Antworten bereits von vornherein ausschließt. So könnte die Herzenswahrheit sein: »Du musst ihn/sie loslassen.« Und genau das will man nicht hören, weil es schmerzhaft ist, deshalb verweigert man die Annahme der Antwort.

Die dritte Falle: Eine Antwortform vorgeben

Vielleicht erwarten Sie eine innere Stimme, die Ihnen etwas mit Worten erzählt, und es kommt einfach nicht. Weil Sie aber so sehr nach einer Antwort in Worten suchen, übersehen Sie das mulmige oder drückende Gefühl auf Ihrem Herzen, oder Sie schieben eine innere Anspannung auf eine Stresssituation im Außen. Dabei ist das die Antwort: Wenn etwas Stress im Herzen macht, ist es nicht richtig. Wenn etwas Druck auf dem Herzen erzeugt, ist es nicht »im Herzen richtig«. Wenn es eng oder klein macht, ist es nicht richtig.

Eine andere Antwortform kann auch darin liegen, dass Ihr Herz die Aufmerksamkeit Ihrer Sinne ständig auf bestimmte Themen lenkt. Alles, was Ihnen besonders und wiederholt auffällt, könnte dann ein Signal sein.

Herausfinden, was man liebt

»Als ich 17 war, las ich irgendwo ein Zitat, das ungefähr so lautete: ›Lebt man jeden Tag, als wär's der letzte, liegt man eines Tages damit richtig.‹ Das ist hängen geblieben. Seitdem frage ich jeden Morgen mein Spiegelbild: ›Wenn heute der letzte Tag meines Lebens ist, würde ich dann gern das tun, was ich heute tun werde?‹ Und wenn die Antwort an zu vielen Tagen hintereinander Nein lautet, weiß ich, dass ich etwas ändern muss.

Mir ins Gedächtnis zu rufen, dass ich bald sterbe, ist mein wichtigstes Hilfsmittel, um weitreichende Entscheidungen zu treffen. Fast alles – alle Erwartungen von außen, aller Stolz, alle Angst vor Peinlichkeit oder Versagen –, das alles fällt im Angesicht des Todes einfach ab. Nur das, was wirklich zählt, bleibt. Sich daran zu erinnern, dass man eines Tages sterben wird, ist in meinen Augen der beste Weg, um nicht zu denken, man hätte etwas zu verlieren. Man ist bereits nackt. Es gibt keinen Grund, nicht dem Ruf des Herzens zu folgen.«

Steve Jobs (1955–2011)
– Visionär und Unternehmer –
Aus der Rede an der Universität von Stanford 2005

Die vielleicht einzige Frage, die Sie brauchen

Wenn Sie nach einem Weg, einer Antwort oder Lösung suchen und sich die Frage »Ist es im Herzen richtig?« stellen, könnte es sogar sein, dass es die einzige Frage ist, die Sie gerade brauchen. Vielleicht geht es als Erstes und Wichtigstes nicht um alles Mögliche in einer fernen Zukunft, sondern nur um eine einzige

Sache: Aufhören, weiter das Falsche zu tun. Erkennen, wo man gegen sein eigenes Herz lebt, und diesen Zustand beenden. Selbst dann, wenn man das Neue noch nicht sieht.

Falls das so ist, wäre die gerade zu erlernende Kraft: Vertrauen. Vertrauen kommt nicht, indem man darauf wartet. Vertrauen fällt nicht nachts über uns her und hat uns am Morgen erleuchtet. Es ist kein Glücksfall und kein Zufall. Vertrauen entsteht, indem man es erwirbt. Und man erwirbt es sich, indem man einen Schritt durch genau das Tor macht, vor dem man bisher stehen blieb, und ausprobiert, was es bewirkt.

Tipp: Falls Ihre Gedanken sagen: »Ich habe ein Problem mit Vertrauen. Und mit dem Mut habe ich auch ein Problem«, dann ersetzen Sie die Wörter »Vertrauen« und »Mut« durch »Neugier« oder »Forschergeist«. Sie brauchen nicht Mut, Sie brauchen Neugier. Sie brauchen kein Vertrauen, Sie brauchen nur Forschergeist. »Ich bin neugierig, was geschieht, wenn ich das mache!« Tun Sie es, ohne Mut und ohne Vertrauen, nur aus Neugier darauf, was sich dabei verändern wird.

Den Herzverstand aktivieren (6): Die Gedanken umgehen

Angenommen, Sie sind in einer Situation mit zwei oder mehr konkreten Möglichkeiten. Die Alternativen liegen vor Ihnen, und Sie haben viele Argumente, Meinungen, Erwägungen, Befürchtungen und Gegenargumente. Sie sind sich wirklich unsicher, was Sie tun sollen, um keinen Fehler zu machen oder allem gerecht zu werden. Aus Angst entscheiden Sie vielleicht gar nicht oder zögern die Sache immer weiter hinaus.

Die vielen Gedanken sind so stark geworden, dass Sie inzwischen auch nicht mehr genau wissen, wie sich das Herz anfühlt. Sie können die Sprache des Herzens nicht mehr von den Emotionen und den Gefühlen, die durch die vielen Gedanken ausgelöst werden, unterscheiden. Dann können Sie folgende kurze Herzmeditation anwenden.

Meditation zur Herzbefragung

- Schließen Sie die Augen.
- Atmen Sie einmal tief ein und aus.
- Stellen Sie sich dann die Frage: »Wie würde ich entscheiden, wenn ich nicht nachdenken könnte?«
- Hören, sehen oder fühlen Sie die spontane Antwort.
- Stimmen Sie ihr zu.
- Öffnen Sie wieder die Augen.

Die zweite Schlüsselfrage: »Auf welcher Ebene denke ich gerade?«

Gedanken erzeugen Realität. Wenn es wehtut, denke höher!

Das Potenzial meiner Gedanken

Zusammengenommen bilden Ihr Verstand und Ihr Herz das gesamte Potenzial an Schöpferkraft und Intelligenz in Ihrem Leben. Beide Instanzen senden nach außen und empfangen von außen. Beide verarbeiten die Realität zu etwas, das Sie erleben können, formen innere Bilder und Gefühle, geben Ihnen Impulse zum Verhalten. Gemeinsam erschaffen diese beiden Intelligenzen Ihre gesamte erlebte Welt. Ob Sie Ihren Fokus in einer Situation auf das Herz oder den Verstand oder beides legen, bestimmt also, welche Richtung Ihr Leben einschlagen wird.

Ihr Herz und Ihr Verstand arbeiten auf zwei verschiedenen Ebenen. Sie »ticken« sozusagen unterschiedlich. Wenn Sie wissen, wie das abläuft, können Sie einen Impuls vom Verstand in die Herzsprache übersetzen und ebenso einen Herzensimpuls auch auf gedanklicher Ebene verstehen. Zusätzlich können Sie mit dem Wissen um die Ebenen bestimmte unerlöste Gedanken des Verstandes »transformieren«, also auf ein höheres Niveau bringen.

Das Geheimnis der zwei Ebenen

Stellen Sie sich also vor, es gäbe zwei übereinanderliegende Ebenen, wie die Etagen in einem Bürogebäude. Auf der unteren arbeiten alle Gedanken Ihres Verstandes. Auf der Etage direkt darüber laufen alle Gedanken Ihres Herzens ab. Wenn ein Problem oder eine Lebensfrage plötzlich auftaucht, denkt der Verstand sozusagen über die »kleine gute Lösung« nach, während gleichzeitig in der Etage über ihm das Herz über die »große gute Lösung« nachdenkt.

Die insgesamt perfekte Lösung kommt heraus, wenn der Verstand in den Lift steigt, eine Etage höher fährt und nachsieht, was sich das Herz gerade zu diesem Thema denkt.

Als Erstes wollen Sie natürlich wissen, ob Sie gerade auf der Herzebene oder eher im Verstand sind. Gerade wenn Gefühle im Spiel sind oder Verbundenheit durch Liebe oder wenn es um Lebenssehnsüchte geht, ist manchmal alles nur noch ein einziges inneres Durcheinander. Sehen wir uns dafür an, wie der Verstand und das Herz in derselben Situation arbeiten.

> »Der Verstand kann uns sagen, was wir unterlassen sollen. Aber das Herz kann uns sagen, was wir tun müssen.«
>
> *Joseph Joubert (1754–1824)*
> *– Französischer Philosoph –*

Wie »tickt« der Verstand?

Ein Merkmal des Verstandes, im Vergleich zum Herzen, ist seine Langsamkeit. Man kann den Prozess, wie das eigene Nachdenken nach einem Ergebnis sucht, richtiggehend beobachten. Oft ist genau das eine innere Qual, denn wenn man sich andauernd selbst dabei zuhören muss, wie sich die immer gleichen Gedanken im Kreis drehen, ist das nicht gerade lustig.

Ein weiterer Hinweis, dass gerade vor allem der Kopf arbeitet, ist das ständige Abwägen. Das Hin und Her, die innere Diskussion. Das Herz kennt kein Hin und Her. Es hat eine Richtung und gibt einen Impuls. Es mag sein, dass es jetzt hierhin will und morgen wieder dorthin. Aber es diskutiert dabei nicht mit sich selbst herum.

Ein drittes Merkmal, das auf den Verstand hinweist, ist der andauernde Gebrauch des Wortes »ich«. »Ich Armer. Warum immer ich? Was soll ich nur tun?« Das Herz denkt nicht mit dieser Ich-Bezogenheit. Es sendet dem Verstand: »Tue dies!« Und wie wir heute aus der Forschung wissen, denkt der Verstand erst *nach* diesem Impuls: »Hey, ›ich‹ habe eine Idee: ›Ich‹ tue dies!«

Falls Sie also in ein Problem verwickelt sind und die Gedanken sich im Kreis drehen, wenn das endlos geht oder kompliziert ist oder voller Argumente und Gegenargumente steckt, kann es nicht die Herzebene sein. Das alles gehört zum Wesen der abgekoppelten Gedanken. Auch wenn eine Beziehung vor allem aus Gerede und Gegengerede besteht, aus Zweifeln, aus Vorwürfen, aus Forderungen und Gegenforderungen, liegt der Fokus ziemlich sicher gerade nicht auf der Herzebene. Einfach gesagt: Meistens, wenn »es wehtut« und sich im Kreis dreht, sind wahrscheinlich gerade viele Gedanken am Werk.

»Die kürzesten Wörter, nämlich ›ja‹ und ›nein‹, erfordern das meiste Nachdenken.«

Pythagoras von Samos (570–510 v. Chr.)
– Griechischer Philosoph, Astronom und Mathematiker –

Wie »tickt« das Herz?

Vielleicht haben Sie schon festgestellt, dass noch niemals Ihr Herz Ihrem Verstand gefolgt ist. Selbst wenn Sie nach einigem Hin und Her irgendwann sagen: »Nun gut, dann tue ich es auch aus ganzem Herzen«, so haben Sie dabei in Wahrheit Ihr Herz nicht überzeugt. Sie haben im Gegenteil vom Verstand aus Ihrem Herzen zugestimmt.

Ihr Verstand kann zwar deutlichen Einfluss auf Ihre Entscheidungen, Ihren Gefühlszustand und Ihr Leben nehmen, doch nicht auf das Herz selbst. Ihr Herz ist nicht manipulierbar. Durch seine viel größere Fähigkeit zur Wahrnehmung und Verarbeitung hat es eine Dimension von Wissen, die sich von den relativ wenigen Informationen des Verstandes nicht erschüttern oder verändern lässt.

Diese besondere Qualität haben Sie schon erlebt: Sie wussten etwas im Herzen so sicher, dass kein Argument der Welt, so logisch es auch erschien, einen Einfluss darauf hatte. Sie wussten es einfach. Unerschütterlich. Und es hat sich später als richtig herausgestellt.

Herz und Verstand denken oft anders

- Während der Verstand in Strategien denkt, denkt das Herz in Impulsen, etwas einfach zu tun.
- Während der Verstand seine Ängste bedenkt, denkt das Herz daran, einfach den Weg zu gehen.
- Während der Verstand seine Bedürfnisse zu stillen sucht, denkt das Herz an seine Lebensvisionen.

- Während der Verstand Überlegungen abwägt, kennt das Herz die spontane Wahrheit.
- Während sich der Verstand seine Wünsche in der Welt vorstellt, erinnert sich das Herz an die Verbindung zum Himmel.
- Während der Verstand dies oder das *haben will* oder *bewirken will*, möchte das Herz den *Zustand erleben*, in dem es geschieht.

»Ich mag verdammen, was du sagst, aber ich werde mein Leben dafür geben, dass du es sagen darfst.«

Voltaire (1694–1778)
– Französischer Philosoph der Aufklärung,
Historiker und Schriftsteller –

Verstand und Herz verbinden – so wählen Sie die höhere Warte

Auf die Gedanken und das Verhalten eines anderen haben Sie wenig Einfluss, aber auf Ihre eigenen sehr wohl. Um Ihre Gedanken von »klein« auf »groß« auszurichten, müssen Sie nur wissen, wie Ihr Herz in derselben Situation zum gleichen Thema gerade tickt. Und anschließend Ihre Gedanken auf diese höhere Ebene fokussieren.

Zu jeder typischen Vorgehensweise der Gedanken gibt es eine typische Vorgehensweise des Herzens. Zu jedem typischen Ziel der Gedanken gibt es ein typisches Ziel des Herzens. Und aus jedem typischen Leid, das in Gedanken erzeugt wird, gibt es einen Herzensweg heraus.

1. Finden Sie als Erstes heraus, was gerade in Ihren Gedanken vor sich geht. Was ist »das Thema«? Sie finden Vorschläge dafür in der folgenden Übersicht.
2. Sehen Sie in der Übersicht dann nach, um was es auf der Herzebene darüber geht.
3. Richten Sie Ihre Gedanken oder Ihre Fragen auf diese neu gefundene Ebene aus.

»Wenn es wehtut, denke höher!«

Sobald Sie auf die Herzebene wechseln, verändert sich Ihre Sicht der Dinge. Das muss nicht sofort die Realität verändern. Noch immer kann sich Ihr Gegenüber verhalten wie zuvor. Noch immer kann eine Situation leidvoll sein. Noch immer kann eine Lebensfrage offen sein. Doch die Ebene, auf der Sie nun darüber nachdenken, ist eine andere. Und damit verändert sich in einem ersten Schritt Ihre Sicht auf die Dinge. Ihr Fokus verschiebt sich auf eine höhere Warte.

Herz oder Verstand? Die Ebenen der Aufmerksamkeit

Die folgende Tabelle zeigt die Herz- und Verstandesebene zur zweiten Schlüsselfrage: »Auf welcher Ebene denke ich gerade?«

Worüber denken Sie gerade nach?	Worum geht es dabei im Herzen?
Wenn Ihre Gedanken hier sind …	*… dann richten Sie sie nach dorthin aus:*
Wünsche nach Ereignissen, Dingen oder gegenüber Menschen	Das Höhere, an das Sie glauben (»Woran glaube ich in meinem Innersten?«)
Überlegungen, Meinungen und Zweifel, von Ihnen und anderen	Die Wahrheit im Herzen (»Was weiß ich einfach, weil ich es fühle?«)
Bedürfnisse, Zwänge und Süchte	Visionen vom Leben (»Wofür schlägt mein Herz?«)
Ängste und Sicherheit	Ein Weg oder ein erster Schritt (»Was würde ich am liebsten jetzt gleich tun?«)
Strategien, Reaktionsmöglichkeiten und Taktik	Gute Ideen und schöne Impulse (»Was berührt oder begeistert mich, wenn ich daran denke?«)

»Wenn es wehtut, denke höher!«

Die Anwendung der Tabelle

Diese Übersicht über die Herz- und Verstandesebenen können Sie auf zwei Arten anwenden.

Gedanken auf die Herzebene bringen. Oder Herzimpulse auf die Gedankenebene bringen.

Von unten nach oben transportieren Sie einen Gedanken auf die Herzebene. Ein Beispiel: Wenn jemand unter Zwängen oder Süchten leidet und sich fragt, was er auf der Herzebene tun soll, damit ihn das loslässt, würde er dort finden: »Visionen vom Leben«. Sie können fühlen, dass es genau darum geht, wenn jemand einer Sucht verfällt oder in Zwängen gefangen ist: Entweder kann er seine Vision vom Leben nicht leben, oder er hat sie verloren. Also geht es darum, sich im Herzen anzusehen, wonach man sich wirklich sehnt, statt zuzulassen, dass die Gedanken sich immer mehr mit der Sucht verwickeln. Wir sehen uns gleich noch mehr Anwendungsfälle an.

Die Kräfte einer einzelnen Ebene in Übereinstimmung bringen

Wenn Sie allein auf der Herzebene bleiben, bringen Sie mit der Tabelle die einzelnen Kräfte Ihres Herzens in Übereinstimmung. Falls Sie zum Beispiel eine »Vision vom Leben« haben, können Sie nachsehen, ob sie auch mit der »Wahrheit im Herzen« übereinstimmt. Man kann zum Beispiel die *Vision* haben, mit Peter leben zu wollen, aber die *Wahrheit im Herzen* sagt einem, dass dies in diesem Leben nicht geschehen wird, weil er vergeben ist. Oder man spürt ganz deutlich eine *gute Idee* und stellt fest, dass man als Nächstes einen *Weg oder Schritt* braucht, damit es in Richtung der *Vision* gehen kann. Oder man spürt eine *Wahrheit im Herzen*, also etwas, das man wirklich tun sollte, schafft es aber einfach nicht. Dann richtet man sich auf *Das Höhere, an das man glaubt* aus, und der Mut kommt zurück.

Wenden Sie die Tabelle intuitiv an, dann werden Sie immer den für Sie wichtigsten Impuls herausziehen können. Sie werden feststellen, was gerade noch fehlt, worum es gerade wirklich geht, was Sie loslassen und worauf Sie sich neu ausrichten sollten. Wir werden uns zudem nachfolgend noch ausführlich und anhand von Beispielen ansehen, wie man in konkreten Situationen damit Lösungen findet.

Die positive Wirkung der zweiten Frage auf Sie selbst

»Auf welcher Ebene denke ich gerade?« …

- … lässt die Gedanken sofort innehalten. Sie schauen innerlich nach, worum es geht.
- … verbindet Sie sofort mit dem eigenen Herzen.
- … befördert Sie in den Zustand, den man die »Superposition« nennt. Sie sind nicht mehr Ihre Gedanken, sondern der Beobachter der Gedanken, und Sie fragen sich gemeinsam, was Ihre Gedanken da gerade machen.
- … erinnert Sie daran, dass die Gedanken nicht die einzige Intelligenz sind, die in Ihnen lebt.

- … hinterfragt selbstständig ablaufende, unterbewusste Muster, die immer wieder eine ähnliche Realität erzeugen wollen.
- … hebt das Niveau der Gedanken auf eine Ebene empor, die das Leben aktiv gestaltet.
- … öffnet den Kanal zu höherem Wissen, als es das reine Verstandeswissen darstellt.
- … verbindet Sie mit dem Größeren und erschafft eine viel weitere Perspektive zu einem Thema.

Die Überprüfung der Wirkung

Welche Wirkung der Wechsel der Gedankenebene hat, können Sie selbst nachprüfen. Vielleicht kennen Sie jemanden, der gerade ein Problem hat?

- Überlegen Sie als Erstes, auf welcher Gedankenebene er oder sie wahrscheinlich gerade denkt. Sehen Sie in der Übersicht nach.
- Wenn Sie feststellen, dass er auf der Gedankenebene unterwegs ist, finden Sie die Herzebene darüber.
- Stellen Sie sich nun vor, Ihr Bekannter würde sich ab jetzt auf das ausrichten, was Sie in der Tabelle auf der Herzebene gefunden haben. Wie fühlt sich diese Vorstellung an? Kommt ein Gefühl von Erleichterung auf? Ein Gefühl von »Ja, das wäre wirklich gut für ihn«? Dieses Gefühl ist die Wirkung, wenn man gedanklich auf die Herzebene wechselt.

»Das Herz ist da, immer offen für dich, wenn dir daran liegt, in es hineinzugehen.«

Ramana Maharshi (1879–1950)
– Indischer Heiliger und erleuchteter Weisheitslehrer –

Die praktische Anwendung der zwei Ebenen auf aktuelle Situationen

Das Wissen um die beiden Ebenen von Verstand und Herz können Sie in jeder Lebenslage einsetzen, und es wird Sie innerlich immer in eine neue Dimension von Kraft und Klarheit bringen. Es kann durchaus sein, dass die Gedanken nach einer Weile wieder auf die alte, untere Ebene rutschen. Das wäre aber kein Grund sich zu sorgen oder sich Vorwürfe zu machen. Die Tabelle ist Ihr Freund und Berater. Sehen Sie einfach wieder in der Übersicht nach, erinnern Sie sich, wie Sie die Sache von der Herzebene aus betrachten können – und sofort sind Sie wieder im höheren, verbundenen Zustand.

Beispiel 1: Bedürfnisse, Zwänge und Süchte

Wenn Sie ein bestimmtes, momentan unstillbares Bedürfnis haben und daran gerade wenig oder nichts verändern können, entsteht das Gefühl von Machtlosigkeit. Um dies zu lösen, denkt der Verstand unablässig darüber nach, wie er das Bedürfnis endlich erfüllen kann.

Weil es aber real nicht geht, wird der innere Zustand immer unglücklicher. Ersatzweise kann der Verstand Süchte oder

Zwangshandlungen entwickeln, weil sie ihn von seinem scheinbar unlösbaren Problem ablenken. Viele Süchte sind ganz einfach nur Ersatzhandlungen. »Wenn ich das eine nicht bekomme, nehme ich irgendetwas anderes, das ist ja auch ein Erfolg. Hauptsache nicht untätig herumsitzen und machtlos sein.«

Der Ausweg lautet: »Wenn es wehtut, denke höher!« Sehen Sie auf die Herzebene über den Bedürfnissen, Zwängen und Süchten. Dort finden Sie: die »Vision vom Leben«.

Wenn Sie Ihre Gedanken immer wieder von den Zwängen weg und hin zu Ihrer Vision vom Leben richten, verlieren die Zwänge schon einmal deutlich an negativer Kraft. Denn in den Minuten Ihres Lebens, in denen Sie im Guten nach vorn blicken, ist kein Raum mehr für Gedanken, die Ihr Leben schlecht denken wollen.

Allein dadurch wird etwas Schlechtes noch nicht gut, aber in Ihrem Kopf wird es schon einmal besser. Die Ebene zu wechseln, auf der man über etwas nachdenkt, ist noch nicht die fertige Lösung, aber es ist der erste Schritt dorthin.

Der mögliche Beschluss: »Ab sofort stelle ich mir nicht mehr ständig meine Zwänge und Begrenzungen vor, sondern meine Vision von einem guten Leben. Es mag sein, dass ich weiterhin meine Aufgaben erledigen muss, aber gleichzeitig darf ich meine Vision darüber behalten, wie es einmal sein wird.«

Die Wirkung vom Nichtstun

Wie sehr der Drang zum Handeln in uns verankert ist und wie schlecht es uns geht, wenn wir nichts tun dürfen, untersuchte der Psychologieprofessor Timothy Wilson mit seiner Forschergruppe an der University of Virginia in Charlottesville, USA, in einem aktuellen Experiment. Wilson und sein Team wollten wissen, wie Männer und Frauen reagieren, wenn man sie eine Weile ausschließlich ihren eigenen Gedanken überlässt.

Jeder Teilnehmer der Studie sollte mit sich und der inneren Ausrichtung auf die eigenen Gedanken zwischen sechs und fünfzehn Minuten in einem schmucklosen Raum, ohne jede äußere Beschäftigung verbringen. Die Hälfte der Personen gab an, sie hätten sich dabei nicht wohlgefühlt und es schwierig gefunden, sich zu konzentrieren.

In der zweiten Stufe des Versuchs hatten die Teilnehmer nun die Möglichkeit, sich mit einem Gerät leichte Elektroschocks zu verpassen, falls sie das Nichtstun nicht mehr aushielten. Eine Möglichkeit, die 66 Prozent der Männer und 25 Prozent der Frauen in Anspruch nahmen. Lieber führten sie eine unangenehme Handlung an sich selbst durch als gar keine.

Auch wenn es bei Ihnen vielleicht ganz anders sein mag, können Sie aus diesem Versuch drei wichtige Erkenntnisse gewinnen, die Ihnen dabei helfen, die Erlebniswelten anderer Menschen besser zu verstehen.

- Männer haben tendenziell stärker und schneller den Drang, sich von sich selbst abzulenken, als Frauen. Umgekehrt ausgedrückt: Frauen ertragen eine Situation mit sich selbst durchschnittlich länger, ehe sie handeln. Das erklärt die unterschiedlichen Verhaltensweisen in manchen Beziehungssituationen.
- Ob und wie intensiv jemand sich selbst innerlich ansehen kann oder nicht, hat wenig mit seinem Willen zu tun. Viele können es einfach nicht ertragen.
- Der Versuch zeigt zudem, dass die Möglichkeit zum Handeln positive Gefühle erzeugt. Der Zwang zum Nichtstun erschafft

hingegen unglückliche Gefühle. Deshalb ist es für ein glückliches Leben so wichtig, dass man etwas Sinnvolles zu tun hat. Nicht das Ausruhen macht auf Dauer erfüllt, sondern das Erschaffen und Erleben.

Beispiel 2: Ängste und Sicherheit

Angenommen, Sie möchten auf einem Gebiet weiterkommen, wüssten auch, was gut wäre, haben aber Angst davor, dass es nicht klappt. Angst davor, dass es vielleicht ein Fehler ist. Angst davor, dass Sie selbst unzureichend sind oder Fehler machen.

Diese Ängste entstehen, weil der Verstand nicht in die Zukunft blicken kann. Wenn Sie einen alten Zustand verlassen möchten, ruft er: »Lieber nicht, hier wissen wir zumindest, was wir haben. Wenn du das loslässt, wissen wir gar nichts mehr.«

Dass der Verstand so denkt, ist zunächst ganz normal, denn genau das war seine Hauptaufgabe im Verlauf der Evolution: Sicherheit erzeugen, Wagnisse gering halten, Reviere nicht aufgeben.

Aber: »Wenn es wehtut, denke höher!« Sobald Sie sich in einer Situation von Ängsten gefangen genommen fühlen, blicken Sie wieder auf die entsprechende Herzebene darüber. Dort finden Sie: »einen Weg« oder zumindest »einen ersten Schritt«. Während sich Ihre Gedanken mit Ängsten beschäftigen, wünscht sich Ihre Seele einen Schritt von Ihnen. Irgendwo tief in sich wissen Sie vielleicht sogar schon, was Sie gern als ersten Schritt tun würden. Und wenn Sie nochmals nachfragen, bekommen Sie auch einen bestätigenden Impuls dazu. Nur reicht dem Verstand ein solcher Impuls ohne Garantie oft nicht aus.

Sie müssen diese Eigenart des Verstandes nicht verdrängen. Verdrängen funktioniert nicht. Richten Sie Ihren Fokus stattdessen immer wieder zurück auf den »Weg« oder den »nächsten Schritt«, denn das ist die Herzebene. Niemand sagt, dass Sie Ihre Problematik sofort lösen oder sofort das Passende tun müssen. Am Anfang, vor jedem Tun, steht immer Ihre Entscheidung, ab sofort höher zu denken.

Der mögliche Beschluss: »Ab sofort denke ich nicht mehr in Ängsten und Sicherheiten, sondern in möglichen Schritten oder einem Weg.«

Hinter die Kulisse blicken

»Folge deinem Herzen« heißt:
Schiebe für einen Moment
all die negativ wirkenden Gedanken beiseite.

Beispiel 3: Strategien und Taktik

Wenn man Wünsche hat, fragt sich der Verstand: »Was genau soll ich jetzt tun, damit ich das erreiche?« Sich dann Strategien zu überlegen ist nicht automatisch negativ. In vielen Situationen braucht man gute Strategien. Ob es im Moment gerade gut ist, eine Verstandesstrategie weiter auszubauen oder ob Sie sich lieber auf die Herzebene ausrichten sollten, erkennen Sie an der Reaktion Ihrer Umwelt. Wenn Sie wiederholt oder auffällig Ablehnung oder Kompliziertheit erleben oder man Sie leicht aus Ihrer Mitte stoßen kann, könnte das eine Reaktion der Umwelt auf eine verborgene Unstimmigkeit in Ihrem eigenen System sein. Vielleicht kämpfen die Gedanken gerade gegen irgendwelche Umstände und Zustände, gegen eine Person, gegen andere Ideen und Verhaltensweisen.

Ganz einfach gesagt können Sie nachsehen, wo Sie gerade »gegen etwas« sind. Dort steckt vielleicht der verborgene Sender, auf den die Welt mit Gegendruck reagiert. Möglicherweise hat etwas im Unterbewusstsein unbemerkt eine Art Kampf gegen die Umstände begonnen, und die Umstände erwidern das. Dann wäre der Zeitpunkt gut, nach oben zu blicken.

»Wenn es wehtut, denke höher!« Das Herz kennt keine Taktik. Es benutzt keine Methoden oder Strategien. Die im Herzen sitzende Seele arbeitet völlig anders als der Verstand. Aber wenn sie sendet: »Das möchte ich!«, beginnt der Verstand richtigerweise darüber nachzudenken: »Wie sieht der Plan aus, um es zu bekommen?« Und jeder anfänglich gute Plan kann sich irgendwann derart verselbstständigen, dass man unterwegs das Herz vergisst. Der Volksmund sagt dazu: Man verbohrt sich.

Auf der Herzebene über den »Strategien und Taktiken« der Gedanken finden Sie: »gute Ideen und schöne Impulse«. Warum? Wenn etwas im Herzen gefühlt »gut« und »schön« ist, kann es nicht manipulativ sein. Eine gute Idee oder einen schönen Impuls legt man ganz offen, wie ein Geschenk, auf den Tisch. Gute Ideen und schöne Impulse tragen Arglosigkeit in sich, und Arglosigkeit ist ein Wesenszug des Herzens. Dennoch werden Sie natürlich weiter in Ihre Richtung gehen. Nur eben mit einer deutlich anderen Qualität als mittels »Strategien und Taktik«.

Der mögliche Beschluss: »Ich prüfe meine Vorhaben, ob darin noch die schönen Impulse liegen.«

Wenn jemand ständig neue Wünsche hat und ständig neue Gegenstände, Beziehungen, Orte braucht, können Sie eines schon einmal sicher sagen: In ihm wirkt eine Form von Unzufriedenheit, und er hat noch nicht das Wahre gefunden.

Materielle Wünsche sind nicht automatisch ein Problem. Oft sind sie sogar sehr gut für ihren Träger, denn sie erzeugen eine innere Antriebskraft, geben einen Grund morgens aufzustehen und jeden Tag weiterzumachen. Sie geben Richtung und Struktur und bereiten Freude. Solange ein materieller Wunsch diese Wirkung hat, ist er für das Leben also durchaus positiv.

Zum Problem wird ein Wunsch erst dann, wenn er sich verselbstständigt hat. Wenn der Träger vergessen hat, welchen Sinn der Wunsch seinem Leben gibt und ob er die Opfer, die er vielleicht kostet, überhaupt wert ist. Auch wenn die Wünsche, die bisher immer eine gute Antriebskraft im Leben waren, einem plötzlich sinnlos erscheinen, ist die Zeit gekommen, auf die höhere Ebene zu blicken.

Auch hier wieder: »Wenn es wehtut, denke höher!« Auf der Herzebene über den Wünschen in der Welt finden Sie: Das »Höhere, an das Sie glauben«. Warum ist dieses »Höhere« die Herzentsprechung zu den weltlichen Wünschen des Verstandes?

Angenommen, Sie würden Ihre weltlichen Wünsche zum wichtigsten Thema und Ziel Ihres Lebens machen. Was würde mit Ihnen in dem Moment geschehen, wenn all diese Wünsche erfüllt wären? Sinnlosigkeit träte ein. Es gäbe nichts mehr, womit der Verstand sich beschäftigen könnte. Das ist einer der Gründe, warum manche wohlhabenden oder prominenten Menschen trotz allem Wohlstand innerlich abstürzen. Sich einfach nur immer neue Wünsche zu erfüllen wird einfach früher oder später hohl und sinnlos.

Wechseln wir also wieder auf die höhere Ebene. Auf der Herzebene über den Wünschen finden Sie auch eine Art Suche: die Suche nach dem »Großen«. Spiritualität, Meditation, Philosophie, Glaube. Wir finden dort die Sehnsucht nach Antworten auf die Frage nach dem Sinn des eigenen Lebens und danach, wer man wirklich ist. Sobald Sie Ihre Suche hierauf ausrichten, verbinden Sie sich mit Ihrem Herzen und erleben eine Form von Erfüllung, die nicht mehr verschwindet.

Der mögliche Beschluss: »Wenn ich Unzufriedenheit spüre, verbinde ich mich auf meine persönliche Art wieder mit dem Höheren, an das ich glaube.«

Die symbolischen Figuren

Ein inzwischen verstorbener, überaus populärer Münchner Schauspieler erzählte einmal einen Ausschnitt aus seinem ansonsten streng gehüteten Privatleben: »Als ich noch wenig Geld hatte, liebte ich eine bestimmte Art filigraner und leider teurer Porzellanfiguren. Obwohl ich sie mir nicht leisten konnte, ging ich immer wieder an einem bestimmten Schaufenster vorbei, drückte mir die Nase daran platt und stellte mir vor, wie schön es wäre, wenn diese oder jene Figur zu meiner Sammlung käme. Das motivierte mich weiterzumachen, besonders wenn es gerade nicht gut aussah. Ich wollte erfolgreich sein, damit ich mir die Figuren leisten konnte.

Später hatte ich viel Erfolg und genügend Geld. Ich ging wieder zu dem Laden und kaufte mir mehrere Figuren auf einmal. Zu Hause packte ich sie aus, platzierte sie in meiner Sammlung und stellte be-

troffen fest, dass sie mir nichts mehr bedeuteten. Nun, wo ich mir alle auf einmal hätte leisten können, war die Magie verschwunden. Ich begehrte sie nicht mehr.«

Hinter den materiellen Wünschen steckt eine Sehnsucht. Aber die Sehnsucht selbst ist nicht das Materielle. Der materielle Wunsch ist nur das, was der Verstand sich ausdenkt, um mit der Sehnsucht umzugehen. Er denkt: »Wenn ich diese Sache habe, dann wird es richtig gut. Dann verschwindet meine innere Suche, meine Unruhe. Dann werden die Gedanken endlich aufhören zu kreisen.«

So können die teuren, schönen Figuren ein Symbol für die Sehnsucht nach einem Leben sein, in dem man von schönen Dingen umgeben ist. Oder nach einem Leben, in dem immer genug Arbeit da ist, um sich damit auch Wünsche erfüllen zu können. Die Figuren können auch für die Sehnsucht nach einem vollen Terminplan als Schauspieler stehen, wenn das die größte Leidenschaft der Seele ist.

»O Gott, was für mich nicht gut ist, das versage mir,
auch wenn ich dich darum bitte.
Was für mich gut ist, das gib mir,
auch wenn ich dich nicht darum bitte.«

Sokrates (469–399 v. Chr.)
– Griechischer Philosoph –

Midas' größter Wunsch

Im antiken Griechenland verwendete man oft Mythen, um die Natur einer Sache zu erforschen, sie zu beschreiben und anderen besser verständlich zu machen. Eine besonders bemerkenswerte Geschichte ist die des sagenhaften Königs Midas. Midas soll sich gewünscht haben, dass alles, was er anfasst, zu Gold würde. Dionysos, der Sohn des Zeus und selbst der Gott der Freude, erfüllte Midas diesen Wunsch. Und der König probierte seine neue Gabe gleich aus. Er fasste die Bäume um sich herum an, und sie wurden alle zu purem Gold. Aus Freude darüber rief er ein großes Festmahl aus. Doch als er sich die köstlichen Speisen einverleiben wollte, wurden auch sie zu Gold, sobald er sie anfasste. So konnte er nichts von diesen schönen Dingen essen. Es blieb ihm an diesem Abend nur noch die Freude über seine geliebte Tochter. Doch als sie eintraf und er sie zur Begrüßung umarmte, erstarrte auch sie zu leblosem Gold. Tief bestürzt, traurig und hungrig flehte Midas darum, dass die einst so sehr gewünschte Gabe wieder von ihm genommen wurde.

Die Geschichte ist so interessant, weil sie mehrere unterschiedliche Botschaften enthält.

- *Auch nach einem erfüllten materiellen Wunsch bleibt man am Ende hungrig.*
- *Die »einfachen Dinge«, wie zusammen gut essen und geliebte Menschen um sich haben, sind mehr wert als alles Gold der Welt.*
- *Und: Achte gut auf deine Wünsche, und bedenke all ihre Folgen.*

Drei Wortkombinationen, die Sie vom Herzen getrennt halten

Der Verstand hat eine Anzahl von »Mustergedanken«, die er wie eine Vorlage benutzt, um mit allen denkbaren Situationen umzugehen. Ähnlich wie die Textbausteine eines Schreibprogramms Ihnen die Arbeit bei wiederkehrenden Anforderungen erleichtern, erleichtert sich der Verstand ebenfalls die Arbeit bei wiederkehrenden Lebensfragen und Herzensimpulsen. Drei seiner Strategien in Wortform sind weit verbreitet und haben die Fähigkeit, Sie vom Herzensweg getrennt zu halten. Sie kennen bestimmt noch weitere.

1. »Ja, aber …«

So kurz das klingt, so grundlegend ist der Vorgang dahinter. Mit dem »Ja« stimmt der Verstand einer Erkenntnis zu. Mit dem »aber« erstickt er sie einen Sekundenbruchteil später wieder. Der Grund: Der Verstand will kein Risiko eingehen und sich selbst keine Mühe erzeugen. Er will nichts verändern.

- Auf die Herzebene kommen: Ersetzen Sie »Ja, aber« immer, wenn es Ihnen auffällt, durch: »Ja, sehr gut.« Sie werden erleben, dass der Gedankenfluss danach ganz anders verläuft. »Ja, aber« ist wie eine Weiche, die Ihre Gedanken immer wieder auf dasselbe Abstellgleis führt. »Ja, sehr gut« hingegen stellt diese Weiche auf einen Weg um, der offen ist und weitergeht. Es greift einen Herzensimpuls auf und entwickelt ihn positiv weiter.
- Die Lösung im Austausch mit anderen: Wenn Sie mit jemandem zu tun haben, der das »Ja, aber« erkennbar als Grundhaltung oder als unbewusstes Muster benutzt, können Sie ihn zunächst darauf hinweisen. So kann der andere seine Wahl treffen, ob er es weiter tun möchte. Gewinnt Ihr Gegenüber aber keine Erkenntnis über seine Möglichkeit der Wahl, können Sie sich überlegen, ob Sie sich auf der »Ja, aber«-Ebene weiterhin mit ihm austauschen wollen oder nicht.

»Es gibt nur eine falsche Sicht der Dinge:
der Glaube, meine Sicht sei die einzig richtige.«

Nagarjuna (ca. 200 n. Chr.)
– Buddhistischer Philosoph –

2. »Ich weiß schon …«

Inneres Abwinken ist eine Gedankenstruktur, die jedem neuen Wissen sofort einen Deckel aufsetzt. Als würde ein Impuls mit einem Schläger abgewehrt. Oft macht sich das sogar mit einer dazu passenden Handbewegung bemerkbar. »Lass mal, ich weiß schon …« bedeutet in Wahrheit: »Lass mal. Ich will dazu jetzt nichts wissen.«

Natürlich ist das eine Entscheidung, die jedem zusteht, und vielleicht stimmt es ja auch wirklich. Doch manchmal sagt der Kopf es wie von selbst, obwohl das Herz in Wahrheit gern einen Schritt machen würde. Dann haben Sie die Möglichkeit, kurz innezuhalten und neu zu entscheiden.

- Auf die Herzebene kommen: Wenn der Impuls »Ich weiß schon« kommt oder ein »Das kenne ich schon«, können Sie sich folgende Fragen stellen: »Weiß ich wirklich genau, was jetzt kommt? Weiß ich alle Details? Weiß ich, dass es sicher so ausgehen wird? Ist mein Wissen überhaupt aktuell, oder ist es vielleicht schon älter?«
  Oft geht es auch gar nicht darum, dass man etwas schon weiß, sondern dass man gerade eine Möglichkeit hat, einem anderen zuzuhören. Einem anderen zu zeigen, dass man bei ihm ist. Manche Menschen reden, weil sie möchten, dass man sie sieht und ihnen innerlich bitte folgt, weil das für sie wie ein

Moment von Liebe ist. Ersetzen Sie für sich selbst »Ich weiß schon« durch »Wie interessant!«. Oder durch »Ich habe schon davon gehört, erzählen Sie mehr.« Öffnen Sie Ihre Gedanken wieder, damit Neues zu Ihnen kommen kann.

- Die Lösung im Austausch mit anderen: Wenn Sie einen Menschen vor sich haben, der zu verstehen gibt, dass er alles schon weiß, erleben Sie an ihm ein reflexartiges Abwehrmuster aus seinem Unterbewusstsein. Entweder weil er glaubt, man dürfe im scheinbaren Wettbewerb um Wissen nicht unterliegen. Oder weil das seine Lösung war, mit der er sich als Kind gegen einen übermächtigen Elternteil wehren musste. Spontane Abwehr ist ein Überlebensreflex. Nun sind Sie für gewöhnlich nicht der Therapeut Ihres Gegenübers, außer wenn Sie darum gebeten werden. Im normalen Umgang greifen Sie die Aussage »Ich weiß schon« vielleicht auf und fragen nach: »Was ganz genau wissen Sie schon? Erzählen Sie mir davon.« Damit ist das Muster für gewöhnlich entkräftet, und Sie können auf einer guten Ebene weiter kommunizieren.

»Wer Weisheit sucht, ist weise, wer glaubt, sie gefunden zu haben, ist ein Narr.«

Lucius Annaeus Seneca (ca. 1–45 n. Chr.)
– Römischer Philosoph, Politiker und Naturforscher –

3. »Das geht nicht, weil …«

Wenn das Herz dem Verstand einen Impuls schickt, der mit Veränderung, Anstrengung oder Risiko zu tun hat, springt oft dieser automatische Abwehrmechanismus an. Selbst wenn es eigentlich machbar wäre, wird es plötzlich kompliziert und mühevoll.

Auf die Herzebene kommen

1. Die Gedanken würdigen: Nehmen Sie die Argumente von »Das geht nicht, weil …« als Erstes vollkommen an. So vollkommen, wie Sie es vielleicht noch nie zuvor getan haben. Schreiben Sie die Argumente, warum es angeblich nicht geht, einzeln untereinander. Ein Grund, eine Zeile. So detailliert, bis alles vor Ihnen steht. In dieser Phase wird der Verstand denken: »*Ich weiß schon*, worauf das hinausläuft. Alle Argumente stimmen in Wahrheit nicht. Also können wir gleich damit aufhören, sie aufzuschreiben.« Wenn Sie dem nachgeben, wird das Muster weiterleben und die Trennung vom Herzen aufrechterhalten.
2. Den Argumenten Raum geben: Nachdem Sie alle »Das geht nicht, weil«-Argumente detailliert vor sich stehen haben, prüfen Sie nochmals die Liste. Fehlt noch etwas? Stehen alle Gründe, warum es nicht geht, vor Ihnen? Wenn Sie dazu innerlich nicken können, nehmen Sie sich einen Grund heraus. Idealerweise den schwächsten. Lassen Sie ihn nicht los, nur weil Ihr Verstand denkt: »Ich weiß schon, das ist ein schwacher Grund, den wirst du gleich widerlegen. Also lassen wir das und gehen lieber gleich zum Hauptgrund.« Das ist ein Teil davon, wie das Gedankenmuster funktioniert. Ist ein Argument bröckelig, wird es sagen: »Ich weiß schon, das ist bröckelig, sehen wir nicht weiter hin.« Ist ein Argument stark, wird es sagen: »Das ist einfach so, da kann man wirklich nichts machen. Also sieh nicht weiter hin.« Am Ende läuft es immer darauf hinaus, dass Sie nicht weiter hinsehen sollen. Sie zum Wegsehen zu bringen ist der Trick jedes Herzverhinderungsmusters. Darum: Schauen Sie hin.
3. Der Anwalt des Herzens werden: Untersuchen Sie jedes Argument, warum angeblich etwas nicht gehen soll, einzeln. Be-

ginnen Sie mit dem eben heraussortierten schwächsten Punkt. Finden Sie Möglichkeiten, wie es an dieser Stelle, die Sie gerade ansehen, eben doch einen Schritt weitergeht. Schreiben Sie Ihre Lösung neben das Argument. Es mag sein, dass Sie zu drei Argumenten Lösungen finden und zu einem nicht. Das ist dennoch ein großer Schritt, denn nun sind Sie bei einer höheren Wahrheit angekommen als zuvor. Möglicherweise haben Sie aber auch plötzlich vier Erkenntnisse auf Ihrem Zettel stehen, mit denen Sie einen Schritt auf Ihrem Herzensweg weiterkommen. Auf jeden Fall ist ein nächster Schritt mehr als kein nächster Schritt.

Die Lösung im Austausch mit anderen

Manchmal fällt einem die ständige Abwehr von neuen Ideen bei anderen auf. Dann ist es nicht Ihre Herzensaufgabe, die Persönlichkeit des anderen zu verändern. Ihre Herzensaufgabe ist es, Ihrem eigenen Herzen zu folgen. Zu der anderen Person könnten Sie vielleicht sagen: »Ich denke gerade auf einer anderen Ebene. Ich überlege, wie ich es hinbekommen kann.«

»Der Langsamste, der sein Ziel nicht aus den Augen verliert, geht immer noch schneller als der, der ohne Ziel herumirrt.«

Gotthold Ephraim Lessing (1729–1781)
– Deutscher Dichter –

Ein ganz typischer Fall, wie die Gedanken ticken, wenn sie sich schrittweise und unbemerkt vom Herzen abkoppeln, zeigt die Geschichte, die Wayne Hutton beispielhaft für viele andere erlebt hat.

»Ich hatte eine gescheiterte Ehe und etwa ein halbes Dutzend Beziehungen hinter mir, als ich Kimberlee begegnete. Es war vollkommenes Verstehen auf den ersten Blick, zum ersten Mal in meinem Leben. Wir hatten so viele Gemeinsamkeiten, auch was unser Beziehungsvorleben betraf, es war wirklich unglaublich. Ich war gerade vierzig geworden und hatte ehrlich gesagt meine Hoffnungen schon ein gutes Stück herabgeschraubt. Und nun saß ich vor dieser Frau, die alles in mir noch einmal auf den Kopf stellte. Wir waren uns beide sicher, dass wir füreinander bestimmt waren und den Rest unseres Lebens zusammen verbringen wollten.

Zu dieser Zeit leitete ich ein Autohaus und war gerade dabei, in zwei benachbarte Orte zu expandieren. Das bedeutete eine Menge Arbeit, aber das Einkommen ermöglichte mir gleichzeitig, in der wenigen Freizeit wirklich das zu tun, was ich wollte. Und nun, mit Kimberlee, war das alles noch viel erfüllender als zuvor.

Sie hatte eine Stelle in einer Anwaltskanzlei und verdiente gut. Sie war wirklich begeistert bei der Sache, und irgendwie fanden wir es richtig, dass jeder seinen eigenen Beruf und sein Einkommen hatte.

Wenn es so weiterging, so war unser Plan, würden wir mit Mitte fünfzig aufhören und ein Haus in den Hamptons kaufen. Kimberlee war dort aufgewachsen, und wie Sie sich vielleicht vorstellen können, hatte ich nicht viel dagegen, im Alter an so einem schönen Ort zu leben.

Aber wir sind nicht die Typen, die mit dem Genießen warten, bis die Rente kommt. Wir nutzten jeden unserer wenigen freien Tage und ließen es uns so gut wie möglich gehen. Wir hatten, wie viele an-

dere wahrscheinlich auch, unsere geheimen Orte mit aus unserer Sicht zauberhaften Hotels und Restaurants. Wandern, Skifahren und solche Dinge … Wir probierten aus, was uns einfiel und Spaß machte.

Das ging eine Weile wirklich gut. Wenn ich heute zurückblicke, würde ich sogar behaupten, dass die ersten Jahre zusammen mit Kimberlee die schönsten meines ganzen Lebens waren. Ich weiß nicht, ob ihr das genauso ging, aber alle Anzeichen sprachen eigentlich dafür, dass es so war.

Mir war damals wirklich kein Fehler in unserer Beziehung bewusst, und vielleicht gab es ja auch keinen. Doch eines Tages, nach vielleicht sieben oder acht Jahren, hatten wir einen Streit. Ich meine nicht so etwas, wie man immer mal hat, wenn es darum geht, wer das Einkaufen vergessen hat, oder wenn man mal keine Lust hat, auf einer Verwandtschaftsfeier des anderen dabei zu sein. Wir hatten die Art von Streit, bei dem Kimberlee mir letztlich sagte, dass sie sich neben mir alleingelassen fühlte. Sie erzählte irgendwas davon, dass sie seit Jahren auch meine Wäsche bügelte und meistens das Kochen übernahm und noch ein paar andere Dinge, die es damals kaum von meinen Ohren bis in den Kopf schafften. Während ich hörte, wie sie redete, dachte ich wie ein Verrückter darüber nach, was hier gerade schieflief. Wo ich einen Fehler in unserer Beziehung übersehen hatte, der uns beide in diese Lage gebracht hatte?

Aber ich hatte wirklich keine Ahnung, was los war. Wir verdienten ausreichend Geld, um alles außer Haus zu geben, und dann wollte sie, dass ich ihr beim Bügeln oder Saubermachen helfe. Ich mag einen schönen Garten, aber ich mag keine Gartenarbeit. Und plötzlich sollte ich mit ihr dieses Beet umgraben, und das Ganze wurde zu einem Thema, über das wir uns wirklich in die Haare kriegten. Ich bin nicht der Typ, der sich dem stundenlang aussetzen kann. Ich brauchte Abstand und Ruhe zum Nachdenken.

Es gibt einen Freund aus Studienzeiten, Scott Milne. Er hatte von mir wirklich fast alles miterlebt, meine Scheidung und alles, was danach kam. Ich vertraue Scott und er mir ebenso. Als ich ihm die Sache mit Kimberlee und diesen Vorwürfen erzählte, sagte er etwas ziemlich Gutes. Scott hat Wirtschaft studiert, er arbeitet mit Geldanlagen, deshalb drückt er die Dinge immer irgendwie wirtschaftlich aus. Aber ich bin ja auch Geschäftsmann und vielleicht verstehe ich gerade deshalb gut, was er sagen will.

›Wayne‹, sagte er, ›Es gibt zwei Dinge, die man miteinander teilt. Das eine ist das Konsumieren und das andere ist das Produzieren. Seit ihr euch kennt, habt ihr konsumiert. Ihr habt nichts, auf das ihr blicken könnt mit so einem Gefühl wie: Das haben wir zusammen erschaffen. Das gemeinsame Erschaffen, die gemeinsame Mühe erzeugt ein ganz anderes Erlebnis, als wenn man sich etwas nur kauft. Euch fehlt das Wir-Gefühl bei der Gestaltung eures Lebens.‹

Nun, Wayne und seine Frau haben sich ihr Haus zur Hälfte selbst gebaut, mit Werkzeuggürtel, Elektrosäge, Nagelgerät und alldem. Wenn er also vom Erschaffen spricht, dann glaube ich ihm.

Aber als er sagte, dass Kimberlee und ich vielleicht etwas für unser Wir-Gefühl übersehen hätten, war das so ungefähr das Allerletzte, was ich in Erwägung gezogen hätte. Ich hatte immer nur in »Wir« gedacht. Andererseits musste die Tatsache, dass Kimberlee sich irgendwie alleingelassen fühlte, eine Ursache haben, und man konnte nicht abstreiten, dass ich ein Teil davon war.

Als ich am Abend nach Hause kam, hatte sich Kimberlee beruhigt, und eigentlich hätte ich es, wie früher, als Gefühlsausbruch abgetan, so wie Frauen es eben immer wieder mal haben. Aber wir konnten immer offen und gut über alles reden, und so erzählte ich ihr, was Wayne mir gesagt hatte. Ich wollte einfach wissen, ob das stimmen konnte. Ich fragte sie, ob es möglich war, dass wir zu wenig zusammen erschaf-

fen hatten, auf das wir nun blicken konnten. Immerhin gab es schon einmal keine Kinder zwischen uns, darauf blicken ja viele Paare und können sich sagen: ›Das haben wir gut gemacht‹ oder so. Ich wusste tatsächlich nicht genau, worauf wir blicken und uns so etwas sagen konnten. Für mich selbst war das kein Problem, ich hatte die Firma aufgebaut und das Haus gekauft und ein paar andere Sachen. Es war ein ziemlich gutes Gespräch, und wir fanden heraus, dass an dem Thema etwas dran war, das wir ändern könnten.

Wissen Sie, ich habe wirklich gedacht, Kimberlee und ich hätten alles richtig gemacht. Aber ich habe inzwischen verstanden, dass wir zwar schöne Dinge zusammen unternommen haben, dass eine Vision aber aus mehr besteht als gemeinsam Urlaub zu machen und essen zu gehen. Es geht darum, einen gemeinsamen Sinn zu finden, und Urlaube und Essen als gemeinsamer Sinn, das nutzt sich im Laufe der Jahre ein wenig ab, zumindest wenn jeder von beiden gern etwas erschafft.

Am Anfang ist es wundervoll, weil man genießt, dass man sich gefunden hat. Es ist wie eine Zeit des Feierns. Aber immer nur feiern ist keine Erfüllung. Kimberlee und ich haben lange darüber gesprochen und uns irgendwann gefragt, was wir eigentlich feiern. Es fiel uns nichts Besonderes ein außer der Tatsache, dass jeder viel Arbeit hat und die Freizeit genießen will. Das ist schon gut, aber wie man sieht, war es in unserem Fall wohl nicht gut genug.

Also ich kann es nur für meinen Fall sagen, dass hier ein Schlüssel für unsere Beziehung vergraben war. Etwas zu erschaffen, auf das man blicken kann, berührt irgendwie im Herzen, das weiß ich. Und gemeinsam etwas zu erschaffen, auf das man gemeinsam blickt, berührt beide Herzen. Es ist, als ob es beide auf einer bestimmten Ebene verbindet, die man nicht gut erklären kann. Aber man spürt es.

Ich habe dennoch nicht angefangen zu bügeln, und für die Gartenarbeit kann ich mich auch heute noch nicht so richtig begeistern. Aber wissen Sie was? Wir haben eine Hütte in den Bergen gekauft, traumhafte Lage, an einem kleinen Bach und so, aber ziemlich heruntergekommen. Deshalb war sie auch nicht besonders teuer.

Wenn wir Lust haben, verbringen wir dort unser Wochenende und bauen das Ding zusammen um. Eigentlich ist es das Gegenteil von Wellnesshotel, aber es fühlt sich prima an. Wir lieben diesen Ort, und jedes Mal, wenn wir dort sind, sehen wir ein Stück mehr von einer Sache wachsen, die wir beide gemeinsam erschaffen haben. Für mich war es ein großer Schlüssel und vielleicht die Rettung meiner Beziehung zu Kimberlee.«

»Man liebt das, wofür man sich müht,
Und man müht sich für das, was man liebt.«

Erich Fromm (1900–1980)
– Deutscher Psychoanalytiker –

Eine gemeinsame Aufgabe haben

Gemeinsam etwas erschaffen,
auf das man gleichberechtigt und zusammen blicken kann,
ganz gleich, wie groß oder klein es sein mag,
ist für viele Beziehungen der Schlüssel zu einer neuen Ebene.
Es ist der Schlüssel zum Gefühl von »Wir!«.

Die dritte Schlüsselfrage: »Was ist mein freiwilliger Beitrag?«

Alles hat seinen Preis. Hat man ihn erkannt und akzeptiert, setzt das Kräfte in Bewegung!

Das Naturgesetz des Beitrags

Bei jeder Entscheidung, die Sie im Leben treffen, geben Sie etwas auf und gewinnen Sie etwas hinzu. Das ist ein Naturgesetz, dem nichts und niemand entkommt. Wenn Sie am Tisch den Sitzplatz wechseln, geben Sie den einen Platz auf und bekommen dafür einen anderen. Wenn Ihnen jemand eine Million schenkt, geben Sie Ihre alte Lebenssituation auf und treten dafür in eine neue ein. Wenn Sie einsam waren und nun geliebt werden, lassen Sie die Einsamkeit hinter sich und treten in die Liebe ein. Was immer neu in Ihr Leben kommt, Sie lassen dafür etwas los.

Wenn Sie ein neues Auto besitzen wollen, müssen Sie freiwillig etwas dafür geben. Selbst wenn Ihnen jemand das Auto schenkt, haben Sie entweder schon eine Form von Beitrag dafür gegeben, oder Sie sind ab sofort eine Art Beitrag schuldig. Und sei es nur Ihre Treue, Ihre Dankbarkeit oder bestimmte innere Verpflichtungsgefühle. Wenn Sie Kinder bekommen, geben Sie als Beitrag für die Erfüllung dieses Wunsches einen Teil Ihrer vorherigen Handlungsfreiheit auf.

Was immer Sie tun, was immer Ihnen widerfährt, es ist ein Tausch. Keine einzige Bewegung in Ihrem Leben kommt zustande, ohne dass Sie einen Beitrag dazu leisten. Dieses Naturgesetz gilt in jedem Bereich des Lebens, es gilt immer und es gilt für jeden.

Umgekehrt können Sie ebenso sicher sagen: »Wenn ich keinerlei Beitrag, Opfer oder Preis leiste, kann sich nichts Wesentliches dauerhaft verändern.« Das mag auf den ersten Blick vielleicht einfach oder banal erscheinen, aber das ist es ganz und gar nicht. Denn wenn es ein Naturgesetz ist, können Sie mit dem richtigen Hebel am richtigen Punkt auch Kräfte bewegen. Sie können die Gesetzmäßigkeit aktiv für sich und Ihre Lebensgestaltung nutzen, indem Sie sagen: »Wenn ich aktiv einen Beitrag ins System meines Lebens gebe, ist es unmöglich, dass alles bleibt wie immer. Wenn ich einen Beitrag gebe, *muss* sich etwas verändern.«

Es kommt nur darauf an, dass Sie an der richtigen Stelle die richtige Art von Beitrag geben.

> »Wer nicht kann, was er will, muss das wollen, was er kann. Denn das zu wollen, was er nicht kann, wäre töricht.«
>
> *Leonardo da Vinci (1452–1519)*
> *– Italienisches Universalgenie, Maler, Bildhauer, Baumeister, Zeichner und Naturforscher –*

Die Kraft der Freiwilligkeit

Sie können etwas, das ohnehin zu tun ist, widerwillig tun. Oder gleichgültig. Oder freiwillig.

Es ist nicht leicht, unangenehme, langweilige oder mühevolle Dinge zu tun. Macht man sie aber zusätzlich »gezwungenermaßen«, erschafft man in sich selbst eine negative Gefühlswelt. Hält man hingegen einen Moment inne und nimmt die Sache an, die gerade vor einem liegt, so macht man sie anschließend freiwillig. Äußerlich wird das Gleiche getan. Aber das schöpferische Herzfeld währenddessen ist ein völlig anderes. Es strahlt keine Ablehnung aus und wird deshalb auch weniger Ablehnung auslösen.

Freiwillig bedeutet: Sie tun es nicht für jemand anderen. Sie tun es für Ihr Herz, für sich, für Ihr Leben oder für Ihr Auskommen. Ohne einen Widerspruch, ohne eine Gegenforderung, ohne Anklage an das Leben. Wenn Sie es freiwillig tun, handeln Sie mit gutem Gefühl, und Sie machen sich unabhängig davon, was dabei herausspringt. Freiwilligkeit verbindet Sie direkt mit Ihrem Herzen.

Umgekehrt, wenn Sie aus dem Zustand von Freiwilligkeit herausfallen, sind Sie auch nicht mehr im Herzen. Sie können etwas nicht »unfreiwillig, aber von Herzen« machen. Die äußeren Umstände können Sie manchmal nicht gleich verändern, doch für welche innere Haltung Sie sich entscheiden, ist Teil des freien Willens.

Der freiwillige Beitrag ist das Bekenntnis zum Herzen

Wenn Sie eine Antwort oder eine Wegweisung zu einer wichtigen Frage suchen, wird immer das Naturgesetz des Beitrags ein Teil der Antwort sein, die Sie bekommen. Irgendetwas werden Sie einsetzen müssen. Also fragen Sie sich idealerweise gleich selbst danach: »Was ist mein freiwilliger Beitrag für diese Veränderung?« Damit setzen Sie es aktiv in Gang. Wären Sie ein Unternehmer, würden Sie es vielleicht eine »Investition« in Ihren Herzensweg nennen.

Sie können selbst nachprüfen, was es mit Ihnen macht, wenn Sie einen freiwilligen Beitrag beschlossen haben. Bleibt die Situation in Ihrem Inneren gleich wie zuvor? Verändert sich etwas? Falls ja, wie verändert es sich? Kommt eine neue Kraft in Ihnen auf, oder gewinnen Sie Ihre alte Kraft zurück? Lässt Sie vielleicht etwas los, löst sich eine Starre? Wenn Sie etwas in dieser Art erleben, spüren Sie gerade die belebende Wirkung der Frage: »Was ist mein freiwilliger Beitrag?«

Die Kräfte aktiv anschieben

Es ist ein Naturgesetz,
dass jeder Beitrag immer eine Veränderung bewirkt.
Folgt dieser Beitrag dem Herzensweg,
freiwillig und ohne Forderungen,
ganz einfach nur, weil es richtig ist, es zu tun,
öffnet er die Tür zu einer neuen Ebene von Ereignissen.

Die positive Wirkung der dritten Frage für Sie selbst

Mit der scheinbar einfachen Frage »Was ist mein freiwilliger Beitrag?« bewegen Sie in Wahrheit wirklich Großes für Ihr Leben. Und folgen dazu noch sicher Ihrem Herzen.

- Herzverbindung: Die Frage »Was ist mein freiwilliger Beitrag?« bringt Sie vom Verstand sofort ins Herz. Und die immer wieder neue Erinnerung daran, was Ihr Beitrag ist, dass

Sie es freiwillig entschieden haben und jetzt gerade freiwillig tun, hält Sie mit dem Herzen verbunden.

- Aktiver Einsatz aller Kräfte: Die Frage »Was ist mein freiwilliger Beitrag?« erinnert Sie daran, überhaupt einen Beitrag einzubringen. Nennen Sie es ein Opfer, einen Preis, einen Einsatz, eine Spende, eine gute Tat, einen Ausgleich … Auf jeden Fall geht es darum, dass Sie für Ihre Vision, Ihre Wahrheit, Ihre Pläne und Ziele aktiv etwas einsetzen. Dieser Einsatz kann auch ein Loslassen oder ein Verzicht sein: »Mein freiwilliger Beitrag ist, dass ich dieses loslasse und jenes nicht in Anspruch nehmen werde.«
- Das Versprechen vom Verstand an das Herz zum Handeln: Viele Visionen bleiben deshalb nur Visionen, weil abgewartet wird, ob die Kraft einer Vision oder eines Wunsches schon genügen würde. Und viele leidvolle Situationen bleiben bestehen, weil nichts losgelassen wird. Das Neue verlangt immer einen Einsatz. Definieren Sie ihn, und geben Sie ihn von Herzen gern.
- Bewusstheit über die Kräfte des Lebens: Immer wenn Sie sich fragen: »Was ist mein freiwilliger Beitrag?«, erinnern Sie sich, wie das Universum funktioniert. Dass es nicht allein aus Wünschen, Erwarten und Bekommen besteht, sondern ein Fluss ist, der Geben und Bekommen gleichermaßen beinhaltet. Mit der Frage erinnern Sie sich intuitiv an die Spiegel- und Resonanzgesetze, an das Gleichgewicht aller Kräfte, im Großen wie im Kleinen.
- Hingabe: Wenn Sie etwas »nicht freiwillig« tun, kämpfen Sie auf einer verborgenen oder offenen Ebene ständig damit. Wenn Sie es hingegen freiwillig als Beitrag geben, nehmen Sie die Situation an und fügen ihr etwas Gutes hinzu.

»Was immer ich beginne,
ich halte es durch,
ich bleibe beharrlich
und vernichte niemanden.«

Hildegard von Bingen (1098–1179)
– Benediktinerin, Universalgelehrte, Dichterin, Komponistin, Mystikerin, Kirchenlehrerin, Heilige –

Wie ein einziger Schritt alles veränderte

Jochen Libolt aus München war ein durchtrainierter junger Mann von 22 Jahren. Goldblonde Mähne, meist im Nacken zusammengebunden, Drei-Wochen-Bart, oranges T-Shirt mit Werbeaufdruck, zerrissene Jeans und verblichene Sneakers. Vier Tage in der Woche stapelte er schwere Kartons mit Fernsehgeräten und Paletten mit Waschmaschinen im Lager eines Elektronikmarktes. Doch obwohl er gerade als Lagerarbeiter arbeitete, war er im Herzen etwas anderes. Jochen besuchte einmal im Monat eine der besten Schulen für Drehbuchautoren, die es in Deutschland gibt. Der Kurs wurde von einem bekannten amerikanischen Regisseur geleitet und war für Jochens Verhältnisse enorm teuer. Doch er hatte eine Vision.

Jeden Tag, wenn er auf den Regalen herumkletterte und die Kartons herunterholte oder hinaufhob, fühlte er, wie er dieser Vision einen kleinen Schritt näher kam. Eines Tages fiel einem Kollegen auf, dass Jochen irgendwie anders war als die anderen im Lager. Immer freundlich, immer bereit zu helfen und dennoch ziemlich still. Ein wenig ein Außenseiter in der Runde der Mitarbeiter.

»Sag mal, Jochen, warum machst du das hier eigentlich? Nichts gegen diese Arbeit, aber irgendwie siehst du nicht aus wie einer, der den Rest seines Lebens hier verbringen wird.«

Jochen sah seinen Kollegen an und dachte darüber nach, wie detailliert er antworten sollte.

»Mein Vater hat eine Umzugsfirma«, erklärte er dann. »Die tragen den ganzen Tag schwere Dinge herum, so wie ich hier auch gerade. Aber ich will mehr von meinem Leben. Ich werde Drehbücher schreiben. Mein Vater findet, ich sei verrückt und solle in seiner Firma arbeiten, besonders jetzt, wo er langsam älter wird. Er bezahlt mir mein Schreibstudium nicht. Also verdiene ich mir hier das Geld, das ich brauche. Und ich brauche nicht viel für das, was ich vorhabe. Ein Zimmer mit Bett, Tisch, Stuhl, mein Notebook und mein Müsli. Alles andere ist egal. In so einem Zimmer wohne ich jetzt auch gerade. Nur wird das Zimmer, an das ich glaube, in Los Angeles sein, und ich werde dort für Serien und Filme schreiben. Los Angeles macht in meinem Herzen den Unterschied zwischen meinem jetzigen und meinem neuen Leben. Dort ist der Ort, wo ich das tun kann, was ich unbedingt tun will.«

Drei Jahre später hatte Jochen das Zimmer aus seiner Vision und schrieb seinen ersten kleinen Beitrag für eine US-Serie. Er lebt heute, elf Jahre nach dem Gespräch im Lager, in Los Angeles und arbeitet dort als freier Drehbuchautor. Viele Serienfolgen, die sein Vater heute im Fernsehen sehen kann, stammen von seinem Sohn Jochen.

Die Bandbreite für einen freiwilligen Beitrag

Um für sich selbst herauszufinden, was man dem Leben überhaupt als Preis für ein Ziel anbieten könnte, ist es gut, sich die Bandbreite kurz vor Augen zu rufen. Stellen Sie sich eine Skala vor mit allem, was ein Mensch für etwas einsetzen kann. Alles, was überhaupt möglich wäre, unabhängig davon, ob es gerade geht oder man es gut findet oder Ähnliches.

- Auf der linken Seite der Skala, dort, wo die Null wäre, steht: »Nichts«. »Nichts möchte ich hergeben. Nichts möchte ich verändern. Nichts möchte ich aufs Spiel setzen. Nichts möchte ich verlassen und nichts verlieren müssen.« Ohne jede Bewertung, darf das eine Haltung für einen Menschen sein, sowohl für sein ganzes Leben als auch für ein Lebensthema. Denken Sie nur an jemanden, der großes Leid durchlebt hat, vielleicht einen Krieg durchlitten hat, alles verloren hat. Wenn man ihn nun fragte: »Was ist dein freiwilliger Beitrag?«, wäre es nur verständlich, dass er antwortet: »Ich möchte bitte nichts mehr verlieren müssen. Ich habe keinen Einsatz mehr, den ich geben möchte.«
- Auf der rechten Seite der Skala, die das Maximale ausdrückt, das ein Mensch für ein Ziel einsetzen kann steht: »Mein Leben«. »Ich würde mein Leben dafür einsetzen, Menschen zu helfen. Ich würde mein Leben einsetzen, um diesen einen Menschen zu retten. Ich würde mein Leben dafür einsetzen, aus dieser Situation herauszukommen. Ich stelle mein Leben vollkommen in den Dienst von …«
- »Gar nichts« oder »mein Leben«. Irgendwo zwischen diesen beiden Extremen liegt Ihr freiwilliger Beitrag für Ihr Herzensvorhaben, für Ihren Wunsch oder Ihren Traum.

»Es ist besser, in das Gebet ein Herz ohne Worte zu legen als Worte ohne Herz.«

Mahatma Gandhi (1869–1948)
– Indischer Rechtsanwalt, Staatsmann, Weisheitslehrer, Vorbild und spiritueller Lehrer –

Mögliche freiwillige Beiträge für den Herzensweg

- Lebenszeit. Alles, was Sie tun, kostet Sie Stunden, Tage, Wochen von Ihrem Lebenszeitkonto. Das ist ein großer Beitrag.
- Arbeitskraft und Mühe. Ihr Körper hat nur begrenzt Kraft. Er ist nicht unendlich haltbar, und bestimmte Arbeiten verschleißen ihn. Wenn Sie etwas davon freiwillig für Ihren Herzensweg einsetzen, ist das ein bedeutender Beitrag für die Sache.
- Komfort. Nichts zu tun ist bequem. Wer etwas tut, gibt hingegen Bequemlichkeit auf. Das ist ein Beitrag für Ihren Weg.
- Angst überwinden. Ängste sind ein großes Lebensthema, denn hinter vielen Angstthemen steckt das verborgene Gefühl, sterben zu können. Es ist eine enorme Leistung und ein großer Herzensbeitrag, etwas trotz einer Angst zu tun.
- Nichteinmischung. Zu sehen, was vor sich geht, und sich dennoch rauszuhalten, weil man im Herzen spürt, dass Raushalten gerade richtig ist, ist eine große Leistung. Sich selbst zurückzunehmen, damit ein anderer Raum für seine Erfahrungen erhält, kann ein großes Geschenk an den anderen sein. Und ein Zeichen, dass man einer Wahrheit im Herzen folgt, auch wenn man aus dem Kopf heraus eigentlich gern etwas anderes tun würde.
- Durchhalten. Ausdauer und Weitermachen, auch wenn Widerstände kommen. Innere Widerstände zu überwinden ist ein erheblicher freiwilliger Beitrag. »Ich gebe nicht auf«, ist eine Leistung, die Sie Ihrem Herzensweg geben können.
- Integrität. Manche Angebote sind eine Verlockung, den Herzensweg zu verlassen. Doch das Leichtere zu tun macht nicht automatisch glücklicher. Das Richtige zu tun macht glücklich.

Wenn Sie zu Ihrem Herzensweg stehen, selbst wenn es einen Verzicht bedeutet, ist das ein großer Beitrag.

- Das Risiko eines Verlustes. Manchmal sagt jemand: »Jetzt ist Schluss damit. Ich leiste keinen weiteren Beitrag mehr zu dieser Situation!« Das kann genau richtig sein und auf dem Herzensweg liegen. Auch dann leisten Sie einen freiwilligen Beitrag, denn Sie geben die Kontrolle über die Situation auf. Vielleicht riskieren Sie damit die Beziehung. Dann wäre der Entschluss, die Beziehung notfalls zu opfern, Ihr freiwilliger Beitrag, um Ihrem Herzen zu folgen.
- Reichtum oder Besitz aufgeben. Alles, was Ihnen gehört, können Sie auch für eine Sache, die Ihnen am Herzen liegt, einsetzen oder zur Verfügung stellen. Damit wird es zu einem Beitrag.
- Auf ein Recht oder einen Anspruch verzichten. Wenn Sie auf etwas zugreifen könnten, es aber freiwillig nicht tun, kann dieser Verzicht ein Beitrag für Ihre Sache und Ihren Herzensweg sein.

Der Herzenswunsch des Philosophen

Der griechische Philosoph Diogenes von Sinope (405–320 v. Chr.) wäre heute das, was man einen Perfomancekünstler in Sachen Philosophie nennen würde. Praktisch ohne jeden Besitz lebte er auf öffentlichen Plätzen, zeitweise in einem großen fassartigen Gefäß als Behausung, wodurch ihm bis heute der Beiname »Diogenes in der Tonne« erhalten blieb. Einmal soll ihn jemand mit einem Hund verglichen haben, was Diogenes sogleich als Idee aufgriff und sich fortan als »weniger als ein Hund« bezeichnete.

Durch sein extremes Vorleben der Bedürfnislosigkeit und immer neue provokative Auftritte (er hielt beispielsweise unbekleidet philo-

sophische Vorträge in der Öffentlichkeit) eilte Diogenes sein Ruf weit durch die Lande voraus, und er spaltete die Meinungen der philosophisch Interessierten. Da war jemand, der auf alles verzichtete, was andere zu brauchen glaubten oder haben wollten. So etwas erregte schon immer Aufsehen, Verwunderung, Bewunderung und Ablehnung.

Eines Tages soll sich der gerade zum Oberfeldherrn ernannte Alexander der Große auf einen Kriegszug gegen die Perser vorbereitet haben. Bei dieser Gelegenheit machten ihm, wie damals üblich, die wichtigsten Staatsmänner und Philosophen ihre Aufwartung, um Zuspruch zu bekunden und Glück zu wünschen. Nur Diogenes kam nicht, er blieb unbeeindruckt auf seinem Marktplatz in Korinth. Der philosophisch interessierte Alexander war über diese Verletzung der Gepflogenheiten so verwundert, dass er Diogenes persönlich aufsuchte.

Dieser lag gerade neben seiner einfachen Behausung in der Sonne. Als zusammen mit Alexander eine Traube Menschen auf ihn zukam und ihn umringte, reckte sich Diogenes schließlich ein wenig in die Höhe und sah Alexander an. Dieser war von dem respektlosen Verhalten, aber auch dem sichtbar bedürfnislosen Leben des Philosophen so beeindruckt, dass er ihn freundlich grüßte.

»Sage mir, was wünschst du dir?«, erkundigte sich Alexander. »Ich werde es dir erfüllen.«

Diogenes überlegte kurz und antwortete dann: »Geh mir nur ein wenig aus der Sonne.«

Alexander soll über diese Missachtung seiner Person tief betroffen gewesen sein, gleichzeitig jedoch die Seelengröße des Diogenes so sehr bewundert haben, dass er ausrief: »Wahrlich, wäre ich nicht Alexander, ich möchte wohl Diogenes sein.«

»Was es alles gibt, das ich nicht brauche!«

Aristoteles (384–322 v. Chr.) – Philosoph und Naturwissenschaftler –

Die vierte Schlüsselfrage: »Was ist mein sichtbarer Schritt?«

Das zum Herzen passende Handeln macht vollständig und klar erkennbar.

Die vollständige Aktivierung aller Herzenskräfte

Wenn Sie nun wissen oder ahnen, was im Herzen richtig ist, wenn Sie die Wahl getroffen haben, auf welcher Ebene Sie über ein Thema denken wollen, und wenn Sie Ihren freiwilligen Beitrag dazu beschlossen haben, dann wartet Ihr Herz noch auf einen letzten Schritt. Damit das über 35 Meter durchmessende Herzfeld zu dem Thema vollständig wird, braucht es eine *praktische Handlung*. Erst wenn Sie es real tun, sodass Sie es selbst als real fühlen und erleben, wird es wirklich real werden.

Wenn jemand den sichtbaren Schritt zu einer erkannten Herzenswahrheit nicht macht, steht im Herzfeld geschrieben: »Was immer ich weiß und erkenne, am Ende mache ich nichts daraus.« Falls er hingegen einen klaren Schritt macht, liest die Welt in seinem Herzfeld: »Was immer dieser Mensch weiß und im Herzen als richtig erkennt, tut er auch. Er verändert und erschafft neu.« Mit dem sichtbaren Schritt läuft er sozusagen als Leuchtturm der Erschaffung durch die Welt.

Es gibt Menschen und spirituelle Lehren, die sogar behaupten, das »richtige Handeln« wäre letztlich das Einzige, was zählt, weil es das Einzige wäre, das etwas bewirkt. Ganz so ist es sicher nicht, denn Ihr Herzfeld besteht nicht nur aus Ihrem Handeln.

Dennoch bringen Sie die Kräfte erst richtig ins Rollen, wenn Sie passend zu Ihren Ideen und für andere erkennbar handeln.

Sie können den sichtbaren Schritt mit dem Durchschreiten einer Tür vergleichen. Die richtige Tür haben Sie gefunden. Dass Sie hindurchgehen wollen, haben Sie im Herzen entschieden. Den freiwilligen Beitrag in Form der Mühe, die Klinke zu drücken, haben Sie gegeben. Und nun geht es darum, die Tür aufzuschieben und hindurchzugehen. Das wäre der sichtbare Schritt. Natürlich kann man auch vor der Tür darauf warten, dass ein Wunder geschieht, und manchmal passiert das auch. Falls aber Ihr Herz und das Universum gerade von Ihnen sehen möchten, dass Sie die Kraft aufwenden und selbst durchgehen, könnten Sie wertvolle Lebenszeit mit Warten vergeuden.

> »Der Tag, an dem du einen Entschluss fasst,
> ist dein Glückstag.«
>
> *Japanisches Sprichwort*

Testen Sie selbst die Veränderung: Nachdem Sie zu einem wichtigen Thema Ihren Beitrag beschlossen und einen klar sichtbaren Schritt gemacht haben, aktiviert sich Ihr Herzfeld augenblicklich. Ihr gesamtes Grundgefühl zu diesem Thema verändert sich. Das Bewusstsein »Ich habe es wirklich getan!« erzeugt in Ihnen eine neue große Kraft, wo zuvor vielleicht noch Unsicherheit gewesen sein mag. Sie fühlen sich innerlich klar und irgendwie »richtig«. So als stimme das Leben jetzt endlich wieder. Es fühlt sich an, als hätten Sie dem Universum ein Versprechen gegeben und gezeigt, dass Sie es auch halten. Und Ihrem Herzen haben Sie bewiesen, dass Sie mit ihm zuverlässig im Team zusammenarbeiten.

»Das Geheimnis des außerordentlichen Menschen ist in den meisten Fällen nichts als Konsequenz.«

Buddha (563–483 v. Chr.), auch: Siddhartha Gautama
– Erleuchteter Weisheitslehrer und Begründer des Buddhismus –

Die Kraft des sichtbaren Schrittes

Erkennbar werden

Viele Menschen um Sie herum glauben nur, was sie sehen, hören, spüren oder erleben. Auch wenn Sie selbst nicht so jemand sind, ist die Welt doch voller Leute, die vor allem auf das reagieren, was ihre Sinne ihnen zeigen und was ihr Kopf dazu denkt. Diese Menschen werden erst durch Ihren sichtbaren Schritt erkennen können, wer Sie sind und was Sie beschlossen haben.

Realität durch Tatsachen erlebbar machen

Was wäre ein sichtbarer Schritt, wenn Sie zum Beispiel beschlossen haben, andere Menschen auf deren Weg zu beraten? Ein Schritt, auf den Sie selbst jeden Abend blicken können? Zum Beispiel ein Platz, an dem Sie mit Ihren künftigen Klienten sitzen. Sie kaufen zwei gute Stühle und einen kleinen Tisch und machen eine Ecke in Ihrer Wohnung oder Ihrem Haus frei. Das ist ein sichtbarer Schritt, falls Sie sich mit ganzem Herzen entschlossen hätten, mit Menschen zu arbeiten. Ihr freiwilliges Opfer wäre dann die Investition in die Möbel und die Aufgabe des privaten Bereichs zugunsten möglicher Sitzungsgäste. Wer auch immer ab diesem

Moment Ihre Wohnung betritt, kann ablesen, dass Sie als Berater zur Verfügung stehen. Sie haben erlebbare Realität erschaffen.

Auch wenn Sie in einer Beziehung eine Entscheidung getroffen haben, geht es darum, sie für den anderen erlebbar zu machen. An Ihrem neuen Verhalten kann der andere ablesen: »Hier geschieht gerade wirklich etwas.« Sie haben den Bereich von Worten verlassen und sind in den Bereich von aktiver Erschaffung eingetreten. Vielleicht machen Sie einen Schrank frei oder ein Zimmer oder welche Tatsache auch immer den anderen ganz deutlich erleben lässt: »Dieser Mensch bekennt sich wirklich zu seiner Aussage.«

Kristallklare Kommunikation

Ihr sichtbarer Schritt ist die klarste Kommunikation mit der Welt. Es ist Kommunikation durch Handeln. Zeigen Sie dem anderen, was Sie beschlossen haben. Warten Sie nicht darauf, dass es jemand errät oder ahnt. Zeigen Sie auch sich selbst gegenüber, was Sie vorhaben. Zeigen Sie der Welt, wofür Sie stehen und wofür nicht. Auch wenn Ihnen etwas nicht gefällt, zeigen Sie es durch Ihr Handeln. Machen Sie nicht bei etwas mit, wenn Ihr Herz sich dabei schlecht fühlt. Aber machen Sie es, wenn Ihr Herz deutlich Ja sagt.

> »Glaubt den Werken, nicht den Worten.
> Worte sind leerer Schall.
> Die Werke aber zeigen euch den Meister an.«
>
> *Philippus Theophrastus Paracelsus (1493–1541)*
> *– Arzt, Astrologe, Mystiker und Philosoph –*

Handeln macht glücklich

Zwischen »etwas sagen« und »etwas auch tun«
liegen manchmal Welten.
Welten, die den Unterschied
zwischen einem im Herzen erfüllten Leben
und einem normalen Leben ausmachen.

Die positive Wirkung der vierten Frage auf Sie selbst

Die Frage »Was ist mein sichtbarer Schritt, der zeigt, dass ich meinem Herzen folge?« …

- … ist ein absolutes Herzensbekenntnis. Es führt Sie aus der Theorie in eine nachprüfbare Praxis, die unwiderlegbar zeigt, dass Sie zu Ihrem Herzensweg stehen.
- … beendet augenblicklich jede Opferhaltung.
- … lässt den alten Mustern im Unterbewusstsein keine Möglichkeit, sich wieder einmal zurückzulehnen und nichts zu tun.
- … erschafft Fakten. Und das verändert die erlebte Realität in Ihren Gedanken.
- … erzeugt Selbstvertrauen, weil selbst erschaffene Bewegung spürbar wird.

> »Wer seinen eigenen Sachen untreu wird,
> kann nicht erwarten, dass ihn andere achten.«
>
> *Albert Einstein (1879–1955)*
> *– Physiker, Visionär und Philosoph –*

Beispiele für sichtbare Schritte

- Ab sofort nicht mehr Ja sagen, wenn man Nein meint.
- Dinge tun, die einem am Herzen liegen, auch wenn sie anderen nicht am Herzen liegen.
- Ideen, die man schon immer einmal umsetzen wollte, zumindest ein einziges Mal ausprobieren, statt sie immer weiter zu verschieben.
- Aussprechen, was einem am Herzen liegt, statt zu hoffen, dass sich eine Sache von selbst verändert.
- Handlungen beenden, die gegen das eigene Herz gehen, auch wenn es ein Opfer bedeutet.
- Dinge in der eigenen Umgebung verändern, entfernen, erneuern.
- An sich selbst und dem eigenen Erscheinungsbild sichtbare Veränderungen vornehmen.
- Sich für einen Kurs, eine Aus- oder eine Weiterbildung anmelden, auch wenn man nicht weiß, ob es gleich der perfekte Weg sein wird.
- Dem Partner sichtbar machen, was man verändert haben möchte, indem man es selbst tut.
- Den Ort wechseln, als sichtbares Zeichen für einen Neubeginn.

Jasmines einzige Veränderung

Jasmine war in ihrer Kindheit sehr dazu erzogen worden, zu folgen. Irgendwann Mitte vierzig fiel ihr auf, dass sie in ihren Beziehungen am Ende immer vom Partner dominiert oder missachtet wurde. Nun wusste Jasmine, dass sich viele Muster der Eltern oder Großeltern später in den eigenen Beziehungen reproduzierten. Ihr war auch klar, dass ihre Prägung aus der Kindheit mit Unterordnung zu tun hatte und dass der unterbewusste Teil ihres Magneten deshalb Männer anzog, die sich irgendwann ähnlich dominant verhielten wie früher ihr Vater.

Doch trotz dieser Erkenntnisse konnte Jasmine die leidvolle Schleife der Wiederholungen nicht beenden. Sie hatte schon alles Erdenkliche versucht. Manchen Männern hatte sie ihr Thema offen erklärt, bei anderen hatte sie es ganz bewusst verborgen gehalten. Sie hatte versucht, ihre Sichtweise zu verändern, war gezielt selbstbewusst aufgetreten und hatte es sogar kurz mit Mentaltechniken probiert. Doch am Ende hatte sich nichts verändert. Nun fragte sie sich, warum trotz aller Erkenntnis und trotz aller Arbeit an sich selbst noch immer die alten Kräfte in ihrem System wirkten.

So lange, bis ihr eines Tages klar wurde, dass sich in ihrer Wirkung nach außen wenig verändert hatte. Noch immer trug sie die Haare fast so wie als Teenager, ihr Kleidungsstil war seit Jahrzehnten kaum verändert, und auch in ihrer Wohnung fanden sich viele Gegenstände aus ihrer Jugend. Aber, so fragte sie sich, man kann doch nicht einfach seine Frisur ändern, den Kleidungsstil wechseln und fünf Teddybären vom Kopfende des Bettes nehmen und wird damit andere Männer anziehen? Doch was konnte sie schon verlieren? Einen Versuch war es wert.

Also suchte sich Jasmine einen Friseur. Einen anderen als den, zu dem sie seit Jahren kam. Sie wollte in die Hände eines Meisters, der seine Kunden im Typ erfassen und ihre Stärken mit einer wirklich passenden Frisur unterstützen konnte. Da sie auf dem Land wohnte, fand sie in ihrer näheren Umgebung nicht das, was sie sich vorstellte. Also fuhr sie in die nächste größere Stadt in einen bekannten Salon.

»Ich will meinen Typ verändern«, erklärte sie dem Inhaber. »Und heute ist es mir egal, was das kostet.«

»In welche Richtung soll es denn ungefähr gehen?«, erkundigte sich der Friseur.

»Wie wirke ich denn?«, erkundigte sich Jasmine statt ihm eine Antwort zu geben.

»Brav«, sagte der Friseur.

Jasmine spürte, wie ein kleiner Blitz ihr Herz durchzuckte. Genau dieses Wort hatte ihr Vater oft verwendet, und auch von ihren Beziehungspartnern kannte sie die Formulierung »mein braves Mädchen.«

»Dann will ich genau das jetzt nicht mehr«, sagte sie mit fester Stimme.

»Und wohin soll es stattdessen gehen?«

»Dynamisch, selbstbewusst, aber dennoch nicht zickig. Ich möchte wirken wie eine Frau, die im Leben weiß, was sie will und was nicht. Die aber dennoch nicht abschreckend für Männer ist.«

Das war eine klare Vorgabe, und der Friseur bewies, warum er seinen guten Ruf hatte. Als sich Jasmine bald darauf im Spiegel sah, erschrak sie. Doch eigentlich war es kein wirkliches Erschrecken, sondern ein hüpfendes Gefühl im Herzen. Genau genommen eine Mischung aus Überraschung und Freude. So pfiffig, gewagt und modern hatte sie sich noch nie gesehen. Ganz bestimmt würde sie in den nächsten Tagen privat und im Büro eine Menge Fragen beantworten müssen. Doch sie war sich sicher, eine gute Entscheidung getroffen zu haben.

Bereits als Jasmine den Laden verließ, spürte sie die Veränderung in sich. Ihr ganzes Gefühl beim Gehen war anders, jede Bewegung schien eine neue Kraft in sich zu tragen. Sie bewegte sich tatsächlich ein wenig wie der Typ Frau, für den ihre Frisur stand. Jasmine glaubte zu spüren, dass die Menschen in der Fußgängerzone sie anders wahrnahmen, und das bestärkte ihr Gefühl, gerade einen großen Schritt gemacht zu haben. Selbst wenn das alles eingebildet ist, so dachte sie, ist es dennoch gut, einfach weil es eine Erneuerung ist.

Als Nächstes besuchte Jasmine die Damenabteilung eines großen Kaufhauses und überlegte, welche Art von Kleidung eine Frau tragen würde, die ihre Frisur trug. Eine Verkäuferin stand ihr zur Seite, und – kaum überraschend – riet sie ihr zu Kleidungsstücken, die Jasmine noch nie zuvor empfohlen bekommen hatte. Nach über einer Stunde Herumprobieren hatte sie einen Arm voll neuer Sachen ausgewählt. In der Kabine gab es den üblichen großen Spiegel, und Jasmine, mit ihrem neuen Kostüm, sah sich darin an.

»Und das soll ich sein?«, fuhr es ihr als Erstes durch den Kopf. Gleichzeitig spürte sie wieder dieses freudig ziehende Gefühl im Herzen. »Nein, das bist *du‹, sagte eine andere Stimme in ihr. »Das ist der neue Teil von dir. Der, den du noch nicht gelebt hast.«*

Mit zwei großen Tüten verließ sie das Kaufhaus. Als sie im Parkhaus den Kofferraum ihres Wagens öffnete, um die Tüten zu verstauen, dachte sie: »Das hier, in diesen beiden Tüten, ist der Beginn meines neues Lebens.«

Die Reaktionen in den kommenden Tagen waren tatsächlich aufregend, Jasmine durchlebte so etwas wie Lampenfieber. Sie hatte nie gern Aufmerksamkeit auf sich gezogen, und nun sah sie jeder besonders interessiert an.

»O Gott«, dachte sie plötzlich. »Ich habe mich all die Jahre innerlich und äußerlich kleingemacht, weil ich am liebsten nicht gesehen werden wollte. Deshalb habe ich Männer angezogen, die sich wie der passende Gegenbaustein verhalten und mich auch immer kleingemacht

haben. Mein Kleinmachen hat sie quasi dazu aufgefordert, mich zu dominieren.«

Ab diesem Tag achtete Jasmine darauf, sich nicht mehr kleinzumachen, weder durch ihr Denken noch durch ihr Verhalten oder durch andere sichtbare Signale. Dass sie damit ihre Deckung aus Unscheinbarheit aufgab, hinter die sie sich ihr Leben lang zurückgezogen hatte, und dass es einige Mühe machte, sich neu auszustatten, war ihr freiwilliger Beitrag. Sie opferte ihre Deckung und zudem Zeit und Geld fürs neue Outfit. Aber es wirkte. Sie zog neue Menschen und nie wieder einen dominanten Partner an.

»Gutes Handeln macht alle Menschen fröhlich.«

Buddha (563–483 v. Chr.), auch: Siddhartha Gautama
– Erleuchteter Weisheitslehrer und Begründer des Buddhismus –

Die vier Schlüsselfragen im Überblick

Manchmal genügt eine einzige der Fragen im richtigen Moment, und Sie wissen den besten nächsten Schritt oder haben Ihre Antwort. Ein anderes Mal ist es gut, alle vier Fragen der Reihe nach durchzugehen, damit eine Ordnung im Bewusstsein entsteht, die Ihnen anschließend klare Entscheidungen möglich macht. Sie müssen die Fragen auch nicht unbedingt der Reihe nach einsetzen. Wenden Sie sie so an, wie es sich von selbst in Ihre Situation einfügt. Es kann sogar sein, dass Sie nur einen Blick auf die vier Fragen werfen müssen, und alles in Ihnen erinnert sich an die Wahrheit in Ihrem Herzen.

Wie auch immer Sie die Schlüsselfragen einsetzen, sie werden Ihnen helfen, Ihre Gedanken und Handlungen mit dem Wissen und der Intelligenz Ihres Herzens zu verbinden.

Das Herz zeigt den Weg:
»Ist es im Herzen richtig?«

Gedanken erzeugen Realität:
»Auf welcher Ebene denke ich gerade?«

Alles hat seinen Preis:
»Was ist mein freiwilliger Beitrag?«

Erkennbar werden durch Handeln:
»Was ist mein sichtbarer Schritt?«

Das magische Herz

Die Anwendung
der vier Schlüsselfragen

Yvonnes Entscheidung

Yvonne hat ein Beziehungsthema. Sie liebt ihren Mann. Eigentlich. Gleichzeitig hat sie ein Problem mit einer seiner Eigenheiten, denn Marc spricht sehr wenig. Genau das fehlt ihr aber, weil sie sich Zuspruch ersehnt und der intensive Austausch mit dem Partner ihre Art von gefühlter Gemeinsamkeit ist. Sie möchte auch, dass ihr Mann sie mehr wahrnimmt und sie spüren lässt, wie sehr er sie liebt.

Marc ist ein guter Mann, und eigentlich will sie ihn nicht verlassen, auch nicht wegen der beiden Kinder. Dennoch hat sie sich heimlich ein Konto bei einer Partnerbörse angelegt. Dort chattet sie mit anderen Männern. Sie sagt, das täte ihr gut. Sie könne sich mit anderen austauschen, auch über ihre Gefühle, und gleichzeitig würde sie viele Komplimente bekommen. Das gibt ihr das Gefühl, begehrt und geschätzt zu sein.

Seit zwei Jahren macht sie das inzwischen, aber eigentlich wird ihr Zustand dadurch nicht besser, so wie sie es am Anfang gedacht hatte, sondern immer schlechter. Weil sie vor ihrem Mann Geheimnisse hat und weil sie den Abstand zu ihm nun noch deutlicher spürt. Mit der Partnerbörse ist sie unglücklich, und ohne war sie ebenfalls unglücklich. Gleichzeitig kann sie auch nicht mit dem heimlichen Onlineflirten aufhören, weil sie stark befürchtet, dann in ein Loch zu fallen. Es scheint eine ausweglose Situation zu sein.

Dass Yvonne ihren Mann noch liebt, das spürt sie. Sie kann sich gar nicht genau erklären, wie alles so weit kommen konnte. Wie es kam, dass sie sich ungeliebt fühlt. Dass sie zu wenig miteinander sprechen. Es hat sich über die Jahre irgendwie eingeschlichen, und nun erzeugt die Situation einfach Unglück. Yvonne glaubt, dass Marc nicht ahnt, wie es um sie steht, und sie wüsste auch nicht, wie sie ihm das klarmachen könnte, wo sie sich so wenig über diese Dinge austauschen. Und falls er das mit der Partnerbörse erführe, wäre vielleicht auch noch die letzte Verbindung zwischen ihnen zerstört.

Yvonne erinnert sich an das Gefühl, das sie zu Beginn der Beziehung mit Marc gespürt hatte. Da war eine Vision vom Leben, in der nur sie beide die Hauptrollen spielten. Yvonne erinnert sich an die Zeiten, als sie abends stundenlang am Strand gesessen und Pläne für die Zukunft geschmiedet hatten. Als würde die Welt für alles offenstehen und nur darauf warten, dass zwei mit einer gemeinsamen Idee auf sie zugehen. Doch das Leben hatte über die Jahre seine eigene Geschichte geschrieben, und heute sprechen sie eigentlich nur noch über Alltagsdinge miteinander. Im Moment, so stellt Yvonne betrübt fest, sieht es noch nicht einmal nach weiteren Strandurlauben aus. Warum sind diese kraftvollen, motivierenden Gefühle und Gedanken verschwunden? Yvonne spürt, dass die Sehnsucht nach dieser bestimmten Art von gemeinsamem Leben mit Marc noch immer unerfüllt in ihrer Brust schlägt, aber nun, wo das alles weiter weg ist als je zuvor, hat sie keine Ahnung, was sie tun soll.

Das Herz zeigt den Weg:
»Ist es, wie es gerade abläuft, im Herzen richtig?«

Als Yvonne sich diese Frage stellt, ist die Antwort eindeutig: Nein. Auch wenn sie keine Ahnung hat, wie sie die Situation ändern soll, so weiß sie sicher: Weder die Beziehung mit ihrem Mann läuft gerade im Herzen richtig, noch die Notlösung mit der Onlinebörse. Nichts von beidem erfüllt ihr Leben. Es ist nicht gut, so weiterzumachen.

Gedanken erschaffen Realität:
»Auf welcher Ebene denke ich gerade?«

Als sich Yvonne offen und ehrlich die Frage stellt, worauf ihre größte Aufmerksamkeit in letzter Zeit lag, muss sie zugeben, dass sich ihre Gedanken fast ständig darum drehen, was dieser oder jener aktuelle Onlineflirt wohl als Nächstes schreibt. Und ob ihr Mann von alldem irgendwann etwas merkt.

Als sie sich die Ebenen der Aufmerksamkeit ansieht, stellt sie fest, dass es um Gedanken geht, die ständig nach Lob, Anerkennung, Ansprache und Austausch suchen. Bestimmte Wünsche *und* Bedürfnisse *sind eindeutig ihr aktuelles Thema. Alles in Yvonne sucht danach, wie sie erfüllt werden könnten. Und als wäre es eine Sucht, wird es sogar noch stärker, sobald sie Aufmerksamkeit bekommt.*

»Wenn es wehtut, denke höher!«

Yvonne erkennt, dass sie nicht glücklich werden kann, wenn sie weiterhin versucht, sich von anderen etwas zu holen, das sie eigentlich viel lieber mit ihrem Mann teilen würde. Sie blickt auf die Ebene über den Wünschen und Bedürfnissen. Dabei wird ihr klar: »Ich mache diesen ganzen Unsinn nur, weil ich meiner Vision vom Leben mit Marc nicht mehr folgen kann. Weil ich die Wahrheit in meinem Herzen nicht leben kann, fühle ich mich so unerfüllt und einsam und suche nach Ersatzbefriedigungen.«

Nun steht Yvonne vor der eigentlichen Frage, vor der sie sich die ganze Zeit gedrückt hat: Will sie mit Marc den Weg weitergehen oder nicht? Und sie stellt fest: »Wenn wir zu der Vision zurückfinden, die wir einmal hatten: Ja. Wenn es so weitergeht wie im Moment: Nein.«

Yvonne entscheidet sich, endlich wieder ihrer Vision zu folgen. Sie will kein Leben in Unwahrheit, Selbsttäuschung und Täuschung anderer mehr führen. Diese Wahl führt sie zur nächsten Schlüsselfrage.

Alles hat seinen Preis:
»Was ist mein freiwilliger Beitrag?«

Wenn sie etwas an der festgefahrenen Situation verändern möchte, so erkennt sie, muss sie auf etwas verzichten. Entweder lässt sie ihren Mann los und versucht, ein neues Leben zu beginnen. Oder sie hört auf, andere Männer zu kontaktieren und gibt der Beziehung zu ihrem Mann eine Chance. Einen der beiden Preise muss sie zahlen, wenn sich etwas verändern soll.

Yvonne denkt: »Wenn ich meine Wahrheit wieder leben will, muss ich zu dem Moment zurück, als Marc und ich uns noch alles sagten und alles miteinander teilten. Ich muss ehrlich zu ihm sein, damit wir uns beide daran erinnern können, was unsere gemeinsame Vision von einem guten Leben war. Sodass wir beide beschließen können, jetzt wieder danach zu leben.« Yvonne weiß jetzt, dass sie der Teil ist, der aktiv werden muss, weil sie auch der Teil ist, der etwas erkannt hat.

Erkennbar werden durch Handeln:
»Was ist mein sichtbarer Schritt, der zeigt, dass ich meinem Herzen folge?«

Sie beschließt, mit Marc über die fünf Ebenen des Herzens zu sprechen:

- *Über das Höhere, an das sie glaubt. Dass sie und Marc sich begegnet sind, um miteinander etwas Gutes zu leben.*

- *Über das, was ihre Wahrheit ist. Was in ihrem Herzen stimmig ist.*
- *Über ihre Visionen von einem guten Leben. Das, wonach sie sich als Ergebnis sehnt.*
- *Über ihren Herzensweg. Das, was sie gern erleben möchte.*
- *Und über die Ideen und Impulse, die sie dazu hat.*

In dem Augenblick, als sie sich dazu entschließt, verändert sich ihr Gefühlsleben deutlich. Sie spürt, wie die Ohnmacht weicht und ihre Kraft zurückkommt. Sie spürt, wie die Sucht verschwindet und die alte, freie, motivierte Yvonne zurückkommt. Wie auch immer es ausgehen wird, sie weiß, es ist der richtige Schritt. Weil es der Schritt zurück zu sich selbst und ihrem eigenen Herzen ist.

»Wenn im Herzen Aufrichtigkeit ist,
wird sich Schönheit im Wesen zeigen.
Wenn im Wesen Schönheit ist,
wird Eintracht im Hause herrschen.«

Konfuzius (551–479 v. Chr.)
– Chinesischer Philosoph und Lehrer der menschlichen Ordnung –

Kurzbeispiel #1: Die richtige berufliche Entscheidung finden

Die Ausgangsfrage: »Soll ich diesen neuen Job annehmen? Oder lieber im alten bleiben?«

Das Herz zeigt den Weg:
»Ist es, wie es gerade abläuft, im Herzen richtig?«

»So wie es im bisherigen Job abläuft, sagt mein Herz: ›Nein, ich will das so nicht mehr.‹ Aber: Da sind die Sicherheit und das Gewohnte. Und die Hoffnung, es könnte besser werden.«

Gedanken erschaffen Realität:
»Auf welcher Ebene denke ich gerade?«

»Meine Gedanken sind auf der Ebene von Ängsten und Sicherheit. Und ich kann auch nicht aufhören, ständig über Zweifel nachzudenken.

Also: Wenn es wehtut, denke höher! Die Herzebene über den Ängsten ist der Weg oder ein erster Schritt. Ein guter Schritt wäre, mich woanders zu bewerben. Die Herzebene über den Zweifeln ist die Wahrheit im Herzen. Im Herzen weiß ich, dass ich wechseln sollte, trotz meiner Gedanken und trotz meiner Ängste.«

Alles hat seinen Preis:
»Was ist mein freiwilliger Beitrag?«

»Ich müsste über meine Ängste springen. Und ich müsste auf meine Abfindung verzichten. Und ich gebe die Sicherheit der festen Stelle auf und tausche sie gegen die Unsicherheit der Probezeit im neuen Job.«

Erkennbar werden durch Handeln:
»Was ist mein sichtbarer Schritt, der zeigt, dass ich meinem Herzen folge?«

»Meinen ersten freiwilligen Beitrag gebe ich sofort: Ich setze mich heute Abend an den Computer und schreibe mindestens eine Bewerbung und schicke sie ab.«

Kurzbeispiel #2: Das Herz nach Verletzungen wieder öffnen

»Ich kann mich einfach nicht vollkommen auf sie einlassen. Obwohl ich sie sehr mag. Aber ich bin so oft verletzt worden, dass ich es einfach nicht mehr schaffe mich zu öffnen.«

Das Herz zeigt den Weg:
»Ist es, wie es gerade abläuft, im Herzen richtig?«

»Überhaupt nicht, das ist ja das Schlimme. Ich liebe sie und kann mein Herz nicht öffnen. Und am Ende wird sie mich verlassen, oder ich selbst werde es beenden, weil es mich bedrängt. Wieder einmal.«

Gedanken erschaffen Realität:
»Auf welcher Ebene denke ich gerade?«

»Meine Gedanken sind auf der Ebene von Ängsten und gleichzeitig von Bedürfnissen. Ein Teil in mir will und ein anderer will nicht.

Darum: Wenn es wehtut, denke höher! Die Herzebene über den Ängsten ist das Wissen um den nächsten Schritt. Das stimmt: Im Herzen weiß ich, dass mein Schritt wäre, mich wieder zu öffnen, ganz gleich, was geschehen wird. Und ich weiß, dass die Ursache meines Unglücks darin liegt, dass ich es nicht tue.

Die Herzebene über den Bedürfnissen ist die Vision vom Leben. Ja, es stimmt auch, dass ich mir mit meiner Art von Beziehungen einige Bedürfnisse erfülle, aber nicht meine Vision vom Leben. Darauf sollte ich mich ausrichten.«

Alles hat seinen Preis:
»Was ist mein freiwilliger Beitrag?«

»Mein Beitrag wäre, mich möglicherweise wieder verletzen zu lassen. Das wäre ein hoher Preis. Aber ich weiß, dass ich ihn einsetzen muss, wenn es weitergehen soll. Vielleicht passiert es ja auch nicht, aber ich bin bereit, das Risiko einzugehen.«

Erkennbar werden durch Handeln:
»Was ist mein sichtbarer Schritt, der zeigt, dass ich meinem Herzen folge?«

»Ich werde Ja zu ihr sagen. Ich werde mich öffnen und ihr beschreiben, was in mir vorgeht. Dass ich Angst habe und all das.

Ich werde ihr erklären, dass ich Ja zu ihr sage, weil ich damit aufhören möchte, meinem alten Gedankenmuster weiter zu folgen.«

Gut oder schlecht ist eine persönliche Wahl

In Beziehungen kann man glauben,
dass etwas, das gerade geschieht, schlecht ist.
Oder, dass es einen Sinn hat,
der sich am Ende als gut herausstellt.
Das ist die Kraft der freien Wahl.

Kurzbeispiel #3: Den Sinn wiederfinden

»Obwohl es mir eigentlich an nichts fehlt, kommt mir mein Leben zunehmend leer vor. Es ist, als würde jeder Tag irgendwie gleich ablaufen, jedes Wochenende, jedes Jahr. Als würde ich nichts mehr tun, was mich wirklich begeistert. Ich weiß, dass ich so nicht denken sollte, aber ich denke es trotzdem. Ich kann es nicht abstellen.«

Das Herz zeigt den Weg:
»Ist es, wie es gerade abläuft, im Herzen richtig?«

»Nein, diese dauernde Sinnfrage macht mich manchmal richtig depressiv. Ich weiß auch nicht, ob mein Leben, so wie es gerade abläuft, richtig ist.

Wenn ich darüber nachdenke, gibt es eigentlich keinen Grund

zur Klage. Aber im Herzen fühlt es sich nicht so an, als wäre alles richtig so. Ich bin einfach nicht glücklich oder zumindest in mir ruhend und zufrieden.«

Gedanken erschaffen Realität:
»Auf welcher Ebene denke ich gerade?«

»Meine Gedanken sind auf der Ebene von Zweifeln und Überlegungen darüber, ob mein Leben gerade richtig abläuft.

Jetzt also: Wenn es wehtut, denke höher! Die Herzebene über den Zweifeln ist die Wahrheit im Herzen. Das stimmt: Solange ich mich ständig auf diese Zweifel ausrichte, wird mein Leben immer sinnloser. Die Wahrheit in meinem Herzen ist, dass mich mein Leben so einfach nicht zufrieden macht und erfüllt. Die Wahrheit ist: Ich will etwas verändern! Und zwar dringend! Es geht nicht um das Wegmachen der Zweifel, es geht darum, dass ich etwas Neues wirklich tue.«

Alles hat seinen Preis:
»Was ist mein freiwilliger Beitrag?«

»Ich müsste ohne wirklichen Zwang und ohne rationale Argumente und ohne eine Gewähr auf Erfolg dennoch etwas grundlegend verändern. Ich gebe einen Teil meines alten Lebens auf, damit ein neues Leben kommen kann. Das ist mein Einsatz. Ich werde ihn geben, weil ich im Herzen weiß, dass es richtig ist.«

Erkennbar werden durch Handeln:
»Was ist mein sichtbarer Schritt, der zeigt, dass ich meinem Herzen folge?«

»Ich weiß den Schritt noch nicht, aber ich werde mich in den nächsten Tagen und Wochen jeden Tag damit beschäftigen, ihn zu finden. Ich denke nicht über das nach, was ich nicht mehr will, sondern über Möglichkeiten, wie ich neue Dinge ausprobieren kann. Dinge, die ich noch nie zuvor getan habe. Und irgendwie ist das ja auch ein erster sichtbarer Schritt.«

Kurzbeispiel #4: Ein Projekt in Bewegung bringen

»Seit Jahren habe ich die Vorstellung, mich selbstständig zu machen. Ich wollte diese Idee mit dem kleinen Café verwirklichen, in dem es auch ausgewählte Bücher, Vorträge und Lebensberatung gibt. Aber ich komme einfach nicht dazu, weil mein Job immer mehr von mir fordert. Natürlich bekomme ich auch mehr Geld dafür, aber das macht es auf eine Art noch schlimmer, denn umso ferner rückt mein Coachingcafé. Das sollte mir vielleicht egal sein, aber ich habe diesen Impuls schon so lange, und er fühlt sich so gut und schön an. Es lässt mich einfach nicht los.«

Das Herz zeigt den Weg:
»Ist es, wie es gerade abläuft, im Herzen richtig?«

»Ja und nein. Mein Leben ist an sich in Ordnung. Aber dieses immer wiederkehrende Bild von dem Café … Es ist inzwischen wie eine Störung in meinem Leben, weil ich nicht weiß, ob ich vielleicht etwas verpasse, wenn ich es nie ausprobiere.«

Gedanken erschaffen Realität:
»Auf welcher Ebene denke ich gerade?«

»Meine Gedanken sind auf der Ebene von Wünschen. Und sie sind auch auf der Ebene von Zweifeln und Überlegungen.

Daher: Wenn es wehtut, denke höher! Die Herzebene über den Wünschen ist das Höhere, an das ich glaube. Die Herzebene über den Zweifeln ist die Wahrheit im Herzen. Das stimmt: Das ganze Thema ist, dass ich im Herzen an etwas glaube und es nicht umsetze.«

Alles hat seinen Preis:
»Was ist mein freiwilliger Beitrag?«

»Es wird mich etwas kosten, und ich weiß nicht, wie es ausgeht. Aber es zumindest mal anzutesten ist mein Beitrag zu meinem Traum. Damit ich nicht später einmal bereue, es nie getan zu haben. Ich werde anfangen. Im Kleinen. Ich denke, ich werde etwas mieten, wo sich Menschen begegnen können. Wo Berater und Suchende zusammenkommen, in einer ungezwungenen Freizeitatmosphäre. In einer schönen Umgebung, so wie ich es immer wollte.«

Erkennbar werden durch Handeln:
»Was ist mein sichtbarer Schritt, der zeigt, dass ich meinem Herzen folge?«

»Kommende Woche werde ich damit beginnen, nach einem ebenerdigen Geschäftsraum zu suchen, den man dafür verwenden könnte. Und ich gebe ein paar Anzeigen online auf, die signalisieren, dass ich Leute suche, die bei der Idee mitmachen möchten. Ich kenne zwei, drei Personen, die von meiner Vision wahrscheinlich ziemlich begeistert wären. Die werde ich einfach mal ansprechen. Das ist mein sichtbarer Schritt.«

Auf zu neuen Ufern: Ihr Leben mit der Kraft Ihres Herzverstandes

Ganz gleich, welche Situation Ihnen das Leben auch bringen mag, wenn Sie sich auf Ihr Herz ausrichten, sind Sie immer geführt und begleitet. Und selbst wenn Sie einmal keine genaue Antwort bekommen, sorgt allein Ihre Herzverbundenheit für eine wirkungsvoll positive Ausstrahlung. Dann leuchtet Ihr Herz mit all seinen Fähigkeiten und Kräften durch sämtliche Gedanken, Zweifel oder Ängste hindurch in die Welt und wirkt dort für Sie. Wenn Sie sich innerlich verbinden, erhalten Sie etwas, das für Ihr Leben einen großen Wert hat: Vertrauen und Herzenskraft.

Wohin gehen? Was tun? Es macht nichts, wenn Ihr Herz heute dies sagt und in zwei Wochen etwas anderes oder das Gegenteil. In zwei Wochen kann die Zeitqualität eine andere sein, und deshalb ist jetzt auch das, was das Richtige ist, etwas anderes. Dem Herzen folgen bedeutet, sich auf die Logik und Wahrheit des Augenblicks einzulassen und dennoch darauf zu vertrauen, dass die Zukunft in der Entscheidung berücksichtigt ist. Für Ihren Verstand mag das manchmal schwer sein, denn er blickt ganz anders in die Zukunft als Ihr Herz. Haben Sie dann Verständnis für diese Sicht, und erinnern Sie sich gleichzeitig an die unglaublichen Fähigkeiten, die in Ihnen wohnen.

Ihr Lebensweg

Eine der größten Ängste des Verstandes ist es, an wesentlichen Abzweigungen Fehler zu machen. Etwas nicht getan oder falsch getan zu haben. Etwas übersehen oder falsch gesehen zu haben. Etwas nicht rechtzeitig losgelassen oder zu früh losgelassen zu haben. Nach links gegangen zu sein, obwohl vielleicht rechts der richtige Weg gewesen wäre. Dann erinnern Sie sich, dass alle Wege, die Sie nach vorn gehen, auf denselben Horizont zulaufen. Wenn nicht links herum, dann sollte es eben rechts herum sein. Wichtiger als dieser oder jener Weg ist, ob Sie dazu stehen, dass es Ihr Weg ist. Ob Sie das achten, was Sie dabei gelernt haben. Vielleicht lernten Sie, wie Sie Ihre innere Stimme am besten hören, wenn sie sich meldet. Vielleicht war ein scheinbarer Fehler in Wahrheit nur eine Episode, um danach klarer und stärker durchs Leben zu gehen. Dann wäre es kein Fehler, sondern eine Ausbildung gewesen. Und dann hätte der Weg genau gestimmt.

Ihre Beziehungen oder vielleicht gerade Nichtbeziehungen sind weder Leistungen noch Strafen oder Fehler. Beziehungen sind auch nicht, selbst wenn man es manchmal so empfinden mag, Pech oder Glück. Sie sind ein Ergebnis. Viel von diesem Ergebnis hat mit dem Weg Ihres Herzens und dem Herzensweg des anderen zu tun. Wenn beide Seelen Ähnliches vorhaben, wenn beide Menschen aneinander lernen und wachsen können, ist es richtig. Wenn sie einander aus Illusionen und Irrtümern heraus befreien, auch wenn das manchmal schmerzhaft ist, ist es aus Herzsicht richtig, so wie es ist. Wenn beide einander fördern, auf dem Weg in den Himmel von Wissen und Erkenntnis, ist es auch richtig. Nur wenn es dumpf wird und eng auf Ihrer Brust, wenn es sich dunkel und nach Stillstand anfühlt, wäre es gut, nach einer neuen Möglichkeit für Bewegung zu suchen. Ein Herz schlägt. Wenn es nicht mehr schlägt, ist das Leben zu Ende. Suchen Sie danach, wofür es schlägt, und folgen Sie dem.

Ausharren, Ertragen und Leiden wäre aus Herzsicht ein großes Missverständnis über die Liebe und den Lebenssinn.

Wenn Sie eine Beziehung auf die Herzebene bringen möchten, verlassen Sie die übliche Konversation um die üblichen Dinge. Mit dem Gewohnten wird man immer nur Gewohntes bewirken. Fragen Sie den anderen aus Ihrem Herzen heraus nach Herzensdingen. Jeder von uns ist ein vom Leben beschriebenes Blatt. Jeder hat Dinge erlebt, die ihn veränderten. Dinge gesagt und getan, die nicht ideal waren. Gedanken gehabt, die er an sich selbst ablehnt. Wichtig ist nicht, wie gut man wegstecken kann. Wichtig ist, was die Erfahrungen mit einem gemacht haben. Wo etwas zerbrochen und daraus etwas Neues erwachsen ist. Wichtig ist, welche Erkenntnisse über die Liebe und über das »gute Leben« man daraus gewonnen hat. Darüber kann man sich austauschen, und während man dies tut, verbinden sich die Herzen. Das sind die Momente, in denen man eine wirklich gute Beziehung hat.

Vielleicht haben Sie mit Menschen zu tun, die manchmal nicht leicht für Sie sind. Dann erinnern Sie sich daran, dass ein vom Herzen isolierter Verstand, auch der des anderen, manchmal seltsame Dinge tut, und versuchen Sie, sich nicht auf dieser Ebene einfangen zu lassen. Erinnern Sie sich an die Gedankenfäden aus Zuckerwatte und daran, wie sie sich um den Stab wickeln wollen. Nehmen Sie sich immer wieder ein paar Sekunden, und verbinden Sie sich mit Ihrem Herzen. Ganz einfach mithilfe der Erinnerung, dass diese Kraft in Ihnen lebt und ein Teil von Ihnen ist. Vielleicht tippen Sie kurz auf die Stelle an Ihrer Brust und spüren dorthin. Dann weiß alles in Ihnen: »Dort ist es. Dort bin ich.«

Das Einzige, was Sie daran hindern könnte, dies zu erkennen, zu fördern und zu nutzen, wären kleinmachende Gedanken. Lassen Sie Ihre Gedanken nicht einfach ohne Aufsicht die Kellertreppe hinabgehen, ganz besonders dann nicht, wenn es Ihnen selbst oder anderen Leid zufügt. Heben Sie Ihr Denken auf die Ebene des Herzens, dorthin, wo das Licht ist. Suchen Sie das Gute, das Wahre, Ihren freiwilligen Beitrag und einen nächsten Schritt, dann werden sich Ihre Fähigkeiten zu etwas Großem vereinen. Dann wird nicht mal das eine und mal das andere wirken. Stattdessen wird die Verbindung beider Kräfte und Intelligenzen – Herz und Verstand – in Ihnen eine neue persönliche Welt in der Welt erschaffen.

Und sofern es um Ihre Ideen und Visionen geht, erinnern Sie sich an die Aussage von Walt Disney: »If you can dream it, you can do it.« Wenn Sie sich ein Ziel vorstellen können, können Sie auch einen Schritt in diese Richtung machen.

Was immer das Leben Ihnen auch bringen mag, bleiben Sie im Herzen. Bleiben Sie Sie selbst.

Gute Reise,
Ihr Ruediger Schache

»Wohin du auch gehst,
geh mit deinem ganzen Herzen.«

Konfuzius (551–479 v. Chr.)
– Chinesischer Philosoph und Lehrer der menschlichen Ordnung –

Weil das Herz so überaus faszinierend ist und manche Ereignisse für sich selbst sprechen, finden Sie nachfolgend noch einige beeindruckende Erlebnisse von Menschen mit transplantiertem Herzen. Dabei auch kurz ein Hinweis zu den Quellen: Die erste Geschichte dieses Buches, die von der inzwischen verstorbenen Claire Sylvia, findet sich an verschiedenen Stellen im Internet, beispielsweise auf www.dailymail.co.uk. Ich habe sie selbst und mit meiner eigenen Wortwahl übersetzt. Auch alle anderen und die folgenden Transplantationsgeschichten sind offen im Internet zu finden. Der Autor – ein ehemaliger Herzchirurg, der sie sammelte – veröffentlichte sie auf seiner Website (www.paulpearsall.com). Auch er ist inzwischen verstorben.

Nie wieder Power Rangers

Dass unser Herz Vorfälle mit besonderer Bedeutung für das eigene Leben intensiv abspeichert, beweist das folgende Ereignis. Der fünfjährige Daryl litt an einem Septumdefekt und Kardiomyopathie, zwei Umstände, die ihn auf die Liste wartender Herzempfänger ganz nach oben setzten. Eines Tages war es so weit, und Daryl bekam das Herz des dreijährigen Timmy, der beim Spielen aus dem Fenster der Wohnung gefallen war.

Einige Zeit nach der Transplantation trafen sich die Eltern des verstobenen Timmy mit der Familie von Daryl.

»Es war schon unheimlich«, berichtete Timmys Mutter. »Bereits als wir am Ort des Treffens ankamen, brach ich in Tränen aus. Mein Mann und ich gingen zusammen zu diesem heiligen Baum, an dem

man eine symbolische Opfergabe anbringt. Ich weinte noch immer, als mein Mann mich auf einen Tisch in der Nähe aufmerksam machte. Dort saßen Daryl, der Junge mit Timmys Herzen, und seine Eltern. Ich wusste sofort, dass sie es waren. Als Daryl mich sah, lächelte er mich an, genauso, wie Timmy es immer getan hatte.

Nachdem wir uns einige Stunden mit Daryls Eltern unterhalten hatten, war es ruhiger in uns. Auf eine Weise erschien uns allen die Sache nun nicht mehr ganz so befremdlich. Als wir hörten, dass sich Daryl für das Herz in ihm ganz von selbst den Namen Timmy ausgedacht und sogar das Alter richtig erkannt hatte, weinten wir alle. Aber es waren Tränen der Erleichterung, weil wir nun wussten, dass Timmy irgendwie weiter am Leben war.«

Daryl, der Empfänger, sagte: »Ich haben dem Jungen in mir einen Namen gegeben. Er ist jünger als ich, und ich nenne ihn Timmy. Er ist noch ein kleines Kind. Er ist ein kleiner Bruder, etwa halb so alt wie ich. Er wurde ziemlich schwer verletzt, als er irgendwo herunterfiel. Er liebt die Power-Ranger-Figuren, ich glaube, er hat sie genauso gern, wie ich sie mal mochte. Heute mag ich die aber nicht mehr. Ich finde Tim Allen aus der Fernsehserie ›Hör mal, wer da hämmert‹ toll, deshalb habe ich den Jungen in mir Tim genannt. Ich frage mich auch, wo mein altes Herz jetzt wohl ist, auf eine Art vermisse ich es. Es war zwar kaputt, aber es hat eine ganze Zeit lang gut auf mich aufgepasst.«

Der Vater von Daryl erzählte: »Daryl hat niemals den Namen seines Herzspenders erfahren. Bis vor Kurzem kannten nicht einmal wir selbst ihn. Wir haben auch gerade erst erfahren, dass der verstorbene Junge aus einem Fenster gefallen ist. Wir wussten bis jetzt nicht einmal sein Alter. Aber Daryl hat es sofort richtig erkannt. Vielleicht hat er einfach gut geraten oder so etwas, aber es stimmt einfach alles. Was uns irgendwie unheimlich vorkommt, ist die Tatsache, dass Daryl nicht nur das Alter richtig getroffen hat und auch die Geschichte darüber, welchen Unfall der Spender seines Herzens hatte. Er wusste sogar den Namen. Der Junge hieß Thomas, aber die ganze Familie nannte ihn immer Timmy.«

»Und da war noch diese andere wirklich verrückte Sache«, fügte Daryls Mutter hinzu. »Der kleine Timmy stürzte aus dem Fenster seines Kinderzimmers, als er versuchte, eine seiner Power-Ranger-Figuren zu erreichen, die auf den Sims gerutscht war. Und unser Daryl möchte seit der Transplantation seine Power-Ranger-Figuren nicht einmal mehr anfassen.«

Keine Lust auf Wasser

Abneigungen aufgrund schlechter Erfahrungen werden nicht nur im Verstand gemerkt, sondern auch im Herzen. Addiert man dazu das Wissen, dass im Herzen die Seele sitzt, erklären sich so manche bislang scheinbar grundlosen Abneigungen im eigenen Leben.

Im Alter von neun Jahren erhielt Jimmy das Herz eines dreijährigen Mädchens, das im Swimmingpool der Eltern verunglückt war.

»Er hat wirklich keine Ahnung, wer die Spenderin war oder wie sie ums Leben kam«, sagte Jimmys Mutter. »Aber wir wissen es. Der Partner ihrer Mutter hatte ein Haus, und dort im Pool ertrank sie. Die Mutter und ihr Partner hatten die Kleine mit einer Babysitterin im Teenageralter alleingelassen, die gerade telefonierte, als das Unglück geschah. Den echten Vater habe ich nie getroffen, aber die Mutter erzählte mir, dass sie eine sehr unschöne Scheidung hinter sich hatte und dass der Vater daraufhin nie mehr nach seiner Tochter gesehen hatte. Sie sagte, dass sie nun wirklich viele Stunden am Tage arbeiten musste und sich gewünscht hätte, sich mehr um ihre Tochter kümmern

zu können. Ich glaube, sie fühlt sich ziemlich mitschuldig an dem Unfall. Wissen Sie, beide Eltern haben sich nicht gerade liebevoll um ihr Kind gekümmert, bis es zu spät war.«

»Manchmal rede ich mit ihr«, erklärte Jimmy. »Ich kann sie da drin spüren. Sie scheint sehr traurig zu sein. Ich sage ihr immer, dass alles in Ordnung ist, aber sie hat große Angst. Sie sagt, sie würde sich wünschen, dass Eltern ihre Kinder nicht wegwerfen würden. Ich weiß nicht, warum sie so etwas sagt.«

»Wir leben direkt am See«, erzählte Jimmys Mutter weiter. »Vorher war Jimmy eine Wasserratte. Doch jetzt wagt er sich nicht einmal mehr in den Garten. Er verschließt ständig die zum Ufer führende Gartentür. Und er gibt zu, dass er schreckliche Angst vor dem Wasser hat, obwohl er keinen Grund dafür weiß. Nach meinem Eindruck ist es eine Todesangst.«

Catherines Schmerz

Das Herz ist mit dem Körper so sehr »vernetzt«, dass es sogar Erinnerungen an Verletzungen speichert. In der Brust der 37-jährigen Amerikanerin Catherine Bechman schlägt das Herz eines elfjährigen Jungen, der bei einem Verkehrsunfall ums Leben kam. Seit der Operation klagte Catherine über Rückenschmerzen und ließ sich schließlich deswegen behandeln. Die Chiropraktikerin versuchte über mehrere Wochen hinweg vergeblich, Catherine von ihrem Leiden zu befreien. Schließlich äußerte sie eine Vermutung. Konnte es vielleicht sein, dass Catherines Schmerz mit der Stelle übereinstimmte, an der ihr Herzspender vom Auto angefahren worden war? Catherine nahm Kontakt mit der Familie des Jungen auf und erfuhr, dass er bei dem Unfall tatsächlich genau dort am Rücken verletzt worden war, wo sie jetzt Schmerzen hatte.

Von Herzerinnerungen überführt

Einschneidende Ereignisse werden im Herzen besonders gut gespeichert, das zeigt der Fall eines zehnjährigen Mädchens, welches das Herz einer Achtjährigen erhalten hatte. Nach der Operation wurde die Organempfängerin von so schweren Albträumen heimgesucht, dass ihre Eltern sich dafür entschieden, sie in psychologische Behandlung zu geben. In den Sitzungen berichtete das Kind immer wieder in allen Details davon, wie sie umgebracht würde. Der Psychologin erschienen die Schilderungen so realistisch, dass sie schließlich die Polizei einschaltete. Alle Beteiligten waren fassungslos zu erleben, dass die Tatschilderung aus den Träumen des Mädchens in allen Details korrekt mit den tatsächlichen Vorgängen übereinstimmte – denn die Herzspenderin war umgebracht worden. Die Informationen waren so genau, dass mit den neuen Hinweisen ihr Mörder identifiziert und verurteilt werden konnte.

Wieder jung!

Dass im Herzen bestimmte Charaktermerkmale gespeichert sind, zeigt der Fall eines 47-jährigen Mannes mit dem Herzen eines 14-jährigen Mädchens, das einen Sportunfall erlitten hatte. Die Mutter des verstorbenen Teenagers berichtete über ihre Tochter: »Es war kein Gramm Fett an ihr. Sie war so voller Lebensfreude, dass sie die ganze Zeit wie eine junge Katze herumhüpfte. Allerdings hatte sie Probleme mit dem Essen. Oft ließ sie Mahlzeiten ausfallen. Ich glaube, man könnte sie magersüchtig nennen. Außerdem hatte sie dieses alberne Kichern, wenn sie verlegen war. Es klang wie ein kleiner Vogel.«

Gus, der erwachsene Empfänger, gab zu Protokoll: »Ich weiß, es klingt abgedroschen, aber ich fühle mich wirklich wieder ganz jung. Neuerdings habe ich diese nervende Angewohnheit, ständig zu kichern, was meine Frau in den Wahnsinn treibt. Und irgendetwas ist komisch mit dem Essen. Ich weiß nicht warum. Ich habe zwar Hunger, aber nachdem ich gegessen habe, wird mir oft schlecht, und ich möchte mich am liebsten übergeben.«

Der Bruder des Empfängers berichtete: »Gus ist seit der Transplantation ein Teenager, ohne Zweifel. Er benimmt sich wie ein Jugendlicher. Sogar wenn wir Bowling spielen, schreit und hüpft er herum wie ein Verrückter. Und dann dieses schräge Lachen. Er kichert wie ein Mädchen, und das sagen wir ihm auch, aber es ist ihm egal. Sein gesunder Appetit kehrte nach der Operation nicht wieder zurück. Jetzt ist ihm fast die ganze Zeit über schlecht.«

Plötzlich »Burger Rings«

Der Australier David Waters ist eines der jüngsten Beispiele dafür, wie Vorlieben im Herzen gespeichert werden. Nachdem er sein neues Herz in sich trug, hatte er plötzlich ein unstillbares Verlangen nach Junkfood, speziell nach einer Variante, die sich »Burger Rings« nennt. Ein Bedürfnis, über das David sich wunderte, denn vor der Transplantation hatte er nie Lust auf die fettigen Knusperringe mit dem künstlichen Burgergeschmack gehabt.

Der Spender des Herzens war ein 18-jähriger Teenager namens Kaden Delaney, der bei einem Autounfall ums Leben gekommen war. Doch davon wusste David Waters nichts. Zwei Jahre nach der Operation nahmen die Eltern von Kaden per E-Mail Kontakt zu David auf, um den Träger des Herzens ihres verstorbenen Sohns kennenzulernen.

David Waters, der sich fragte, woher seine ungewohnten Gelüste kamen, erkundigte sich bei den Eltern: »Mochte Ihr Sohn vielleicht Burger Rings? Das ist seit der Operation fast alles, an was ich denken kann, wenn es um Essen geht.«

Er war erstaunt zu hören, dass sein junger Herzspender diese Dinger praktisch jeden Tag vertilgt hatte.

Mit dem Herzen sehen

»Nach hinten blickend, bin ich mit Dankbarkeit erfüllt.
Nach vorn blickend, bin ich mit Vision erfüllt.
Nach oben blickend, bin ich mit Kraft erfüllt.
Nach innen blickend, entdecke ich Frieden.«

Weisheit der Q'ero-Indianer, Nachfahren der Inkas, Peru

Übungen für ein Leben im Jetzt

112 Seiten. ISBN 978-3-442-34154-2

Dieser »Kurs in Gegenwärtigkeit und Liebe« schärft unsere Wahrnehmung, ordnet die Erkenntnisse und ermöglicht eine klare innere Ausrichtung, um im gegenwärtigen Moment und in der Liebe zu leben.
Mit seinen stimmungsvollen Fotos, inspirierenden Zitaten und konkreten Handlungsimpulsen ist dieser Tischaufsteller ein wunderbares Geschenk. Für sich selbst und für alle, die ihr Leben auf die Achtsamkeit für jeden Augenblick ausrichten möchten. Jeden Tag ein Stück mehr. Das ganze Jahr hindurch.

arkana